산티데바와 함께 읽는 입보리행론

산티데바와 함께 읽는

입보리행론

산티데바 원저, 하도겸 편역

운주사

추천사

불교의 정수를 담은 『입보리행론』을 하도겸 박사가 물 흐르듯
이 새롭게 번역 출간하셨네요. 만일 이를 곁에 두고 날마다 새
긴다면 누구나 이번 생에 반드시 함께 더불어 보살행을 온몸으
로 실천하며 멋진 삶을 이어가리라 확신합니다.

_ 박영재(서강대 물리학과 교수 / 선도회 2대 지도법회)

단언컨대 보리심을 일깨우는 수행에서 『입보리행론』보다 좋은
지침서는 없을 것이다. 보리심은 대승도의 관문이자 붓다의 깨
달음을 이루는 근본 원인이기 때문에 대승의 길을 가는 이들에
게 꼭 필요한 논서이다. 지난 수 세기 동안 인도와 티베트의 불
교전통에서 가장 많이 회자되고 사랑받는 책이기도 하다. 하도
겸 대표가 새로 풀어쓴 이 위대한 적천보살의 가르침이 많은 이
들에게 큰 도움이 되리라 믿어 의심치 않는다.

_ 박은정(사단법인 나란다불교학술원 원장)

'나마스떼코리아'라는 NGO를 이끌며 오랫동안 네팔의 어려운 사람들을 도운 '행동하는 지식인', 하도겸 박사가 세계 시민의 식을 일깨워주는 좋은 인문학 서적을 발간하였다. 코로나 위기로 전 세계가 혼란에 빠져 있는 지금 우리가 인간성 회복과 흐트러진 신뢰 재구축을 위해 꼭 읽어봐야 할 필독서이다.

_ 안세영(서강대 명예교수 / 전 경제인문사회연구회 이사장)

세상에는 변하지 않는 진리가 있습니다. 그건 "세상 모든 것은 변한다."는 겁니다. 이 무상의 세계에 보리행은 불자들의 지남입니다. 산티데바, 용수 등의 가르침은 대승불교 문학의 정수로 꼽힙니다. 하도겸 박사가 이 집단지성에 큰 보탬을 했습니다. 통찰이 번뜩이는 『입보리행론』 해제가 우리에게 불교의 핵심인 지혜로 다가옵니다.   _ 이석만(불교닷컴 대표)

산모퉁이 바로 돌아 이 길로 쭉 가면 '산모퉁이 바로 돌아 송학사 있거늘' 마음 닦아 가는데 붓다의 자리 없겠는가? 로드맵을 따라 찬찬히 쉬지 않고 가면 니르바나에 반드시 이르게 되어 있다. 니르바나에 꼭 이른다는 굳센 믿음을 가지고 부지런히 가는 보디사트바 행동(菩薩行)을 살피는 가르침이 있다. 붓다의 길(道)을 돕는 가르침(助敎) 곧 조도助道다. 계·정 2학 또는 계·

정·혜 3학의 길이 37보리분법(조도품)으로, 10바라밀 또는 6바라밀로 조직된다. 온 곳으로 돌리(廻向)든 갈 곳으로 돌리(教化)든 돌리는 것 또한 중요한 조도이거나 본도本道이다. 하도겸 박사가 살펴준 보리 드는 길을 노라리 삼아 따라가며 신명 내보면 좋겠다.

_ 무상 법현(승려 / 세계선원장)

부처는 가능성이지만 불가능의 영역이고, 보살은 덜 완성이라 해도 가능의 영역이다. 더 낮은 데, 더 가까운 데 있으니 우리 범인들과 더불어 존재하면서 깨우쳐주고 이끌어준다. 더 가치 있고 보람있는, 의미까지 있는 존재이니. 차라리 보살을 지향하고, 보살행을 할 수 있도록 수행하는 일이 어떠할지. 선禪도 교教도 아닌데 모두가 선지식禪知識처럼 모두가 지자知者처럼, 구업口業 짓고 행업行業 짓고 심업心業 짓는 오염된 세상에 홀로라도 본분으로 회향하려는 보살들의 나타남을 목 빼고 고대하는데…. 그 바쁜 보살행 와중에 짬 내어 뭇 사람들을 편하게 이끌 또 다른 초록 연등 한 개, 낡은 배 한 척 같은 『입보리행론』을 펼쳤다. 하도겸 박사의 작은 보살행에 고마움 느끼며 보살들의 길고 긴 행렬을 함께 만들어감이 어떠할지….

_ 공내 윤명철(동국대 명예교수 / 역사학자)

춤추는 연인(Krafla Volcano)

이제 다시 시작

몇 년 전 어머니가 돌아가셨다. 임종 전 가족 모두가 임종을 위한 독실에 옮겨진 어머니의 손을 잡으며 눈물을 흘리고 있었다. 아직 병실로 못 온 가족을 보고 싶으셨는지 어머니는 눈을 감지 못하고 계셨다. 외국에서 들어온 마지막 가족이 도착한 지 얼마 안 돼 숨을 거칠게 쉬시다가 '그만 고통스러워하시고 이제 편히 가세요'라는 자식들의 마음이 통했는지 바로 영면에 드셨다. 돌아가시는 모습을 보는데 눈앞이 깜깜해지면서 하늘이 무너졌다.

어머니께서 혼수상태에 들어가기 며칠 전, 언제 돌아가실지 모르니 가족들은 대기하는 게 좋겠다는 의사의 말대로 가족들 몇몇이 교대로 병실을 지켰다. '나라도 침착해야지' 하면서 고요해 보려고 노력했는데 그게 정말 안 됐다. 하염없이 눈물이 내려오는 것을 어찌할 수가 없었다. '감정 다스리는 게 이렇게 힘든 거구나'라는 알아차림조차도 당시에는 불가능했던 것 같다. 어머니께서 가만히 우는 아들을 보면서 "막내야! 넌 울지 않아도 된다. 넌 내게 충분히 했다."라고 말씀을 하셨다. 휴일마다 시간을 내서 어머니를 모시고 카루린포체나 캄툴린포체 등을 친견하러 가기도 하고, 가고 싶은 명승고찰과 온천관광을 다녔을 때도 비슷한 말씀을 해주셨던 것 같다.

그때처럼 하염없이 흘러내리는 눈물을 닦고 어머니의 시신을 다른 병원 영안실로 모시고 가는데 가족이 한 명 따라가야 한다고 했다. 응급차 안에 어머니 시신을 앞에 두고 혼자 앉아 조용히 광명진언을 입으로 외면서 편안히 가시는 모습을 관하며 계속 기도했다. 평생 처음으로 간절하게 오직 한마음으로 기도했다. 정말 한 시간 만에 믿겨지지 않는 일이 벌어졌다. 고통스럽게 돌아가신 어머니의 검고 찡그린 얼굴이 어느새 환하고 맑게 변하고 있었다.

49재를 지내는데, 우리나라에 머물던 티베트 스님 네 분을 우여곡절 끝에 모셨다. 초재가 끝났을 때 한 티베트 스님이, 영가가 매우 맑고 대부분의 티베트 분들처럼 이미 천도가 됐고 늦어도 2재 전에 천도가 될 거라고 한다. 같은 생각이어서 49재는 앞으로 그만해도 되겠다는 생각이 들었다. 그러나 가족들이 모여서 기도도 하고 함께 의논하고 정리해야 할 일도 있기에 49재라는 의식은 지속했다. 막재를 지내는 동안 혼자서 화장을 한 단지에 든 어머니의 뼛가루를 진흙에 이겨서 불탑 5개를 만들었다.

나머지는 산에 뿌렸는데, 환경을 오염시키지 않기 위해 선식 등 곡식 가루와 설탕 등을 섞어서 공空을 상징하는 의미로 둥글게 탁구공만한 크기로 수십 개를 만들었다. 티베트에서 보릿가루와 버터를 섞은 반죽으로 만드는 똘마(Tor ma)처럼 돌아가신 어머니의 극락왕생을 축원하는 공양물로 삼았다. 동물들이 다니는 산길에 두어 겨울에 먹이가 없는 산짐승이나 새들에게 공양물로, 즉 먹이로 주는 것이다. 공수래공수거라는 생각으로 반야심경을 외면서 공양 올렸다.

화장 후 유골을 진흙과 섞어 작은 탑 모양의 동으로 된 틀에 넣어서 불상이나 수호신 또는 불탑으로 찍어내는 것을 티베트에서는 차차(TsaTsa)라고 한다. 이것을 작게 여러 개 만들어 성지나 불탑 부근에 놓아두면 짐승들이 먹지 못하기 때문에 저절로 풍화될 때까지 보전된다. 하나는 진신사리가 모셔진 오대 적멸보궁 가운데 한 곳 부근에, 하나는 평소에 가끔 다니던 사찰 인근 숲 깨끗한 곳에, 나머지 셋은 일단 집에 있는 불단에 모셨다.

얼마 후 마침 달라이라마 법회에 참가하기 위해 남인도로 향하는 한 티베트 스님께 부탁해서 하나는 보드가야 대탑 주변에 모셔달라고 했다. 또 하나는 네팔로 향하는 한 순례자에게 밀교

를 전한 파드마 삼바바(구루 린포체 또는 연화생이라 부름)가 수행
했던 네팔의 불교 성지 파르핑에 모셔달라고 부탁했다. 나중에
들은 이야기지만, 남인도로 향한 스님은 공양물로 올린 돈으로
달라이라마 존자 법회에 참가한 스님들께 차와 과자를 공양했
다고 한다. 마침 법회를 주관했던 달라이라마 존자께서도 잘 말씀
드릴 인연이 돼 법회에서 직접 어머니의 이름을 거명하며 망자
를 위한 기도를 해주셨다고 다른 이한테 들어 환희로웠다.

　얼마 후 꿈에 달라이라마 존자가 보였다. 허름하고 피폐해진
티베트식 사원이 보여 들어갔다. 지하로 내려가서 여기저기 살
피는데 누군가 오는 인기척이 나서 나가 보니 달라이라마 존자
가 들어오셨다. 그 뒤를 따라서 가는데 존자는 '도와 달라'는 말
을 남기고 사라지고 사찰은 휑하니 썰렁해졌다. 꿈에서 깬 다음
날 티베트식 사원을 짓고 싶다는 한 분의 전화가 왔다. 달라이
라마 존자로부터 사찰의 이름을 받았고 임시 건물도 완성됐기
에 기념법회를 열려고 한단다. 티베트에서 구한 영화 포스터 크
기의 녹색따라보살 탱화 한 점과 네팔의 네와르 장인이 만든 작
은 관세음보살상을 모시고 찾아가 공양으로 올리고 돌아왔다.
그렇게 하라는 꿈같았다.

　『삼국유사』 통도사조에서 보이듯이, 진신사리(링쎌)는 영험
이 있어서 증식한다. 한 스님이 모시고 있는 진신사리에도 아주

작은 티눈 같은 것이 생기는 걸 본 적이 있다. 그게 점점 커지다가 일정 크기가 되면 뚝 떨어져 별개의 사리가 되어 점점 커 간다. 이게 증식사리(퉁쎌) 또는 변신사리變身舍利라고 하는 그것이다. 둘의 구별은 쉽지 않은데, 양쪽을 자세히 보니 색깔이 묘하게 다른데 진신사리가 뼈 색깔이 나는 데 반해 증식사리는 순백의 흰색이다. 이런 사리를 모시고 달라이라마 존자님께서 특별히 본인에게 전하라고 하나 주셨다고 한다. 광영이 아닐 수 없었다.

진신사리는 아니지만, 네팔 카트만두의 몽키템플인 스와얌부나트의 사리를 예전에 모신 적도 있었다. 주신 분 말씀으로는 새벽에 스와얌부나트에서 기도하는데 타탓 소리를 내면서 마치 전기선에 뭔가 타는 듯한 소리가 들리면서 탑에서 튀어나오는 것들이 있었다고 한다. 떨어진 곳을 자세히 보니 사리가 몇 개가 있었다고 하니, 참 기묘한 일이 아닐 수 없다. 어쨌든 거기서 수습한 사리 가운데는 붉은 피와 같은 혈사리도 있었다. 그렇게 20여 년 전에 사리들을 모신 사리함을 열어보니, 아주 작은 혈사리가 수도 없이 더 생겨나 있었다. 모두 증식사리다.

사리영험담은 부처님의 가피와 관계된, 신앙적으로도 믿기 힘들 정도로 기이한 일들이 많다. 증식(변신)사리란 아마도 자성을 깨우치려는 승보의 수행력과 관련된 것이 아닌지 모르겠다. 모든 일에는 인과가 따르며 연기법에 따른 잠정적인 결과가 아닐까 싶다. 최근에 남해 관음선원의 일진 스님과 함께 사리함에 샤프론을 바꾸면서도 또 한 번 목격했다.

티베트 불교의 미래는 밝지 않다. 달라이라마의 오래된 미래로서의 죽음과 환생, 그와 관련된 중국 시진핑 정부의 대응, 어느 종교집단에도 보여지는 성직자들의 타락과 부패. 그게 현실이다. 하지만 그럼에도 불구하고 배울 점이 너무나 많은 티베트 불교는 람림을 비롯해 초기불교와 함께 우리 불교의 부족한 점을 메꿔주는 양대 산맥의 하나라고 할 수 있다. 이런 저런 인연과 사정으로 『입보리행론』을 다시 펴내게 된 것 역시 또 하나의 불사佛事로 불공佛供이다.

'나'와 '나라는 집착' 그리고 성큼 다가오고 있는 '죽음'으로서의 '병'과 '늙음' 등은 늘 얼마 안 남은 소중한 시간으로서의 삶의 목표를 확연하게 만들어주는 고마운 존재이다. 그래서 더 모으기보다는 나누기 위해 호를 바꿨다. 시맥施陌이라는 법호法號는 가진 땅 모두를 보시하려는 마음을 담은 것이다.

지난 2021년 5월 '히말라야사진전'에 이어 두 번째로 개인전 '아이슬란드의 메시지'를 열었다. 코로나19로 해외로의 문이 닫혀 있던 지난 9월과 10월 사이 45일간 프랑스와 영국을 다녀오면서 중간에 보름간 오로라의 나라 아이슬란드를 다녀왔다. 우스꽝스럽게도 몇 년 전에는 아이슬란드와 아일랜드를 착각해서 더블린으로 가는 항공에 몸을 실은 적도 있었다. 어렵게 찾은 아이슬란드의 사진을 찍다 보니, 코로나로 함께 어려워하는 지인들에게 위안을 선사하고 또 함께 공감하고 싶은 내용들이 생겼다. 이에, 2022년 1월 7일부터 9일 사이에 갤러리 41에서 제6회 히말라야사진공모전과 함께 다시 작은 사진전을 개최하게 되었다. 유럽의 티베트라고 할 수 있는 아이슬란드 역시 신들을 품은 대지가 하늘을 받들며 가끔 화산을 통해서 메시지를 전하는 나라였다. 티베트 수미산(카일라스 또는 강린포체라고 부름)과 같은 신성한 설산은 물론 우리의 심신을 따스하게 해주는 온천까지 있었다. 아울러, 대자연은 물론 그 속에 간직되어 있는 신들의 메시지에 대한 나름대로의 해석을 담아보기도 했다. 그 사진전의 수익금 역시 언제나 그랬듯이 NGO에 전액 기부했다. 그리고 이번에는 티베트나 네팔 등의 히말라야의 사진이 아닌, 그 사진들을 이 책에 실었다. 확장과 연관에 대한 하나의 시도라고 이해해주면 고맙겠다.

그런 연장선상에서 '나'는 여전히 노후에는 어떤 지도에도 나오지 않는 네팔 산골 오지마을의 아이들에게 우리 역사와 문화 그리고 언어를 가르치는 선생님을 꿈꾸는, 아직도 철모르는 어린왕자(BIG BABY)이다. 늘 해야 되는 것 가운데 잘하는 것을 찾아서 기꺼이 누리며 하는 것에 관심이 많다. 잘하는 것도 없는 선무당과로 겪어봐야 아는, 그렇게 소 잃고 나서 외양간 고치는 것에 나름 적응해서 잘 살고 있다.

"물 흐르듯이 정해진 대로 따라가고, 모르거나 틀리거나 다르거나 새롭거나 어렵거나 막히거나 여하튼 정해진 것이 아닌 것 같으면 다시 의논해서 정한다"는 철칙을 세우고 나름 기준을 잡아가고 있다. 늘 "왜 그렇게 하고 싶은지"만을 '이뭣꼬'의 화두로 잡고 나름 가성비를 높이기 위해서 꿈에서 수행한다고 떠들기를 좋아한다. 그렇게 스스로의 게으름을 감추려고 했지만, '나만을 위해 살지 않겠다'는 생각을 실천하면서부터 이전과는 결이 다른 삶을 살고 있다. 요즘은 『서유기』와 『논어』를 가끔 눈 비비며 들여다보며, 유명한 단순 게임 앱을 깔고 조금씩 하는 것에도 점점 능해져 가고 있다.

나무시아본사 석가모니불.

2022년 7월 17일 제헌절에
나마스떼코리아 차실 세심헌洗心軒에서
하도겸 화남和南

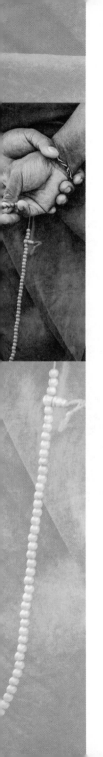

마녀의 모자(Snaefellsnes Kirkjufell)

앞으로 어떻게 살 것인가?

"불교란 무엇인가?"

거창한 질문을 던지며 여기저기 묻고 다니던 시기가 있었습니다.

하지만 30여 년의 세월이 지나면서 그동안 많은 생각의 변화가 있었습니다. 결국, 지금 누군가 저에게 그런 질문을 한다면 일단 모른다며 대답을 피할 것입니다. 하지만 부득이하게 대답해야 한다면, 그냥 "지금 이 순간을 소중히 여기게 하는 가르침" 또는 "소소하게 만족하며 행복을 느끼게 하는 가르침"이라고 대답할 것 같습니다. 그런데 요즘은 그와 좀 다른 질문이라기보다는 인사를 많이 하고 다닙니다.

"오늘 보이차 드셨나요?"

일상에서 차를 마실 수 있는 여유를 가진다는 것은 차인에게는, 특히 저에게는 적어도 오늘을 만족하고 행복해한다는 의미가 있습니다. 기꺼이 오늘을 누렸다는 말이 가장 적절한 것 같습니다.

우리나라 경제가 풍족해지면서 이제 값비싼 보이차를 사고 마실 수 있는 사람들이 많아졌습니다. 그렇지만, 도반들과 모여서 좀 번거롭지만 자사차호에 보이차를 넣고 세차를 하고 몇 차례 우리면서 차담을 나눌 수 있는 사람은 여전히 그리 많지 않을 듯 싶습니다. 모두 바쁘기도 하지만 마음의 여유를 찾는 일은 정말 쉬운 일이 아니니까요. 하지만 아무리 바빠도 잊지 말아야 할 것이 있습니다. 가족 생일, 부모님 기일 등등.

오늘 그보다 더 먼저 말씀드리고 싶은 것은 다름이 아니라 바로 인생이 생각보다 길지 않고 매우 짧을 수 있다는 것입니다.

"누구나 죽습니다. 빠르고 늦음의 차이가 있을 뿐. 태어날 때는 순서가 있었을지 모르지만 죽을 때는 그렇지 않습니다. 정말 안타까운 것은 언제 죽을지 아무도 모른다는 사실입니다."

이 책『산티데바와 함께 읽는 입보리행론』은 바로 이런 죽음에서 벗어나지 못하는 우리를 위해 불보살님이 산티데바를 통해 주신 '지친 삶을 위한 지침서'입니다.

이생에서 고통을 받다가 죽으면 모든 고통이 끝나면 좋은데 부처님의 가르침을 들어보면 전혀 그렇지 않습니다. 부처님은 늘 윤회전생하면서 끝없는 고통의 바다를 겪게 된다고 강조하십니다. 지옥은 물론 설사 천상에 태어나더라도 그 행복의 끝에 고통이 딱 기다리고 있다고 합니다. 말만 부드럽지 내용만을 보면 불교 경전은 시도 때도 없이 우리에게 보낸 '고통 예고장', 아니 '독촉장'과 같습니다. 정말 어렵게 받은 '사람의 몸'을 소중히 여기고 나아가 우리네 인생을 정말 똑바로 살라고 보내는 매우 강력한 경고장입니다.

"고통에서 벗어나서 행복해지려면 어떻게 해야 하지?"
석가모니 부처님이 그랬듯이, 불교 수행을 하지 않아도, 이런 질문이나 생각을 누구나 한 번쯤은 했을 것입니다. 하지만 정작 참선이나 명상 수행을 하다 보면 온갖 망상이 일어나서 대체 어떻게 유지해야 하는지 막막할 때가 있습니다. 어떻게 하는 것이 맞는지도 잘 모르겠고, '하다가 막히면 그 다음은 어쩌지?' 하는, 그런 수련이나 수행 과정에 대한 불안과 그로 인한 불신이 있습니다.
　다행스럽게도 이 책에는 다른 경전에서 찾기 힘든 특별한 해결책으로서의 기준으로 '보리행'을 제시하고 있습니다.

"이제라도 부처가 되고 싶다면!"
이 책은 고통에서 벗어나 영원한 행복을 찾기 위해서 부처, 아니 보살이 되어야 한다고 말하고 있습니다. 대통령이라고 해서 다 대통령이 아니고, 아버지라고 해서 다 아버지가 아니라는 말이 있습니다. 대통령이나 아버지 모두 그에 걸맞은 행동을 해야 인정받고 존경받을 수 있습니다.

마찬가지로 깨달음을 통해서 불보살이 된 사람을 어떻게 우리가 알아볼까요? 아니 스스로 어떻게 인가받을 수 있을까요? 그런 방법이 있습니다. 바로 고통을 여읜 불보살처럼 오로지 보리심을 가지고 실천한다면 그가 바로 보살입니다.

그렇습니다. 바로 이 책은 '보살 되기' 어쩌면 '보살 따라 하기'의 매뉴얼〔지침서〕입니다. 우리의 삶이 연극무대와 같다면 이 책은 삶의 주연이자 조연으로서 주인공인 우리에게 주신 '보살'에 대한 '연기 교본'이 됩니다. 이 책대로 완벽히 소화한다면 우리는 다름 아닌 이미 보살이라고 할 수 있습니다.

결국, 이 책은 이제라도 고통에서 벗어나 보살이 되고 싶은 사람들이 읽어야 할 가장 중요한 책입니다. 그래서 달라이라마 존자님을 비롯한 수많은 이들이 예비 수행의 필독서로 정했나 봅니다. 여기서 한 가지, 보살은 그냥 자기 혼자만 고통에서 벗어나는 사람이 아닙니다. 깨달음을 가진 후에는 그 깨달음을 나누는 보시와 회향을 하며 '중생구제'를 하는 분입니다.

즉 우리가 고통을 만났을 때 그 고통에서 벗어날 수 있도록 도와주시는 수호자이자 '도우미' 같은 존재입니다. 깨달음을 통해서 가장 높은 자리에 올라가서 거꾸로 가장 낮은 곳, 아니 가장 고통스러운 곳에 오셔서 우리들을 치료하고 치유하는 자리가 바로 보살입니다. 여기서 당장 남들의 고통을 더불어 나누는 분들이 바로 보살이기도 한 이유가 여기에 있습니다.

"여러분은 보살인가요?"
저도 마찬가지입니다만, 정보의 바다에서 누구나 부처님 같은 말을 하곤 합니다. 하지만 모두 부처님이나 보살님이 아니며 하물며 깨달은 아라한이나 선지식이 아닙니다. 요즘 깨쳤다고 하는 사람을 보면 그냥 입만 보살인 사람들이 적지 않습니다. 깨친 이의 실체는 그의 말이 아니라 행동, 나아가 일상의 실천이라는 습관에서 다 증명됩니다. 그런데 다행스러운 것은 삶이 이타행利他行 나아가 보리행이신 분들이 우리 주변에는 의외로 많습니다. 수십 년 암자에 틀어박혀서 공부하고 깨쳤다고 하는 못난 분들보다 더 불보살같은 자비로운 분이 우리 주변에 많다는 의미입니다.

이제 불교도 인가 여부를 떠나서 사실 여부가 증명이 안 되는 엘리트주의를 깨고, 재가불자를 포함하여 비구니는 물론 여신도 모두 삼보 가운데 하나인 승보가 되는 시기가 되었습니다.

"여러분은 깨달은 자가 되고 싶습니까?"

그런데 정말 깨달음을 얻게 되면 그다음 어떻게 할 것인지는 정하셨습니까? 대통령이 되는 게 중요한 것이 아니라 되고 나서 어떻게 할 건지가 더 중요하다고 합니다. 깨달음을 얻은 아라한이나 그중에 높은 깨달음을 얻었다는 부처도 마찬가지입니다. 혼자 적멸에 들어가 해탈 열반하면 되나요? 그런데 그게 정말 가능한 일인가요?

이에 대해서는 더 이야기해야겠지만, 정말 해탈은 있는지, 있더라도 그 열반으로 우리가 다가갈 수 있는지는 회의적인 입장이 있습니다. 다만, 다행스럽게도 열반에 든 부처보다는 우리와 함께하는 보살이 더 반갑다는 점입니다.

제가 2014년부터 〈불교닷컴〉에 이 원고를 연재하고 운문체를 산문체로 바꾸어 다시 구성하고, 편집을 재구성하여 문장까지 다 뜯어고친 것은 다름이 아닙니다. 제가 계속 가지고 다니면서 자주 읽기 위해서입니다. 이 책을 읽고 있으면 우리네 삶을, 아니 마음을 늘 성찰하게 해 주기 때문입니다. 그것만으로도 충분하지만 놀라운 것은 이게 다가 아닙니다. 이 책은 읽는 이의 마음을 늘 시원한 참회와 따스한 환희로 벅차게 만듭니다.

누구는 마음에 몸이 없다고 하는데 너무 뭉클해서 마음이 있는 것으로 느껴질 정도라고 하면 좀 많이 이상한지 모르겠습니다. 이런저런 이유로 그동안 다른 책에서 이해할 수 없었던 애매한 번역 문제를 해결하고자 했습니다. 다 해놓고 보니 별반 다를 게 없다는 염려가 앞섭니다.

불교나 명상 수행, 그리고 요가 등을 하는 이들은 막힘없이 술술 읽어 내려갈 수 있게 번역을 넘어 새로운 창작으로 쉽게 풀려고 노력했습니다. 그래서 이 책을 '번역서'라고 하지 않고 '편저'라고 한 것입니다. 그렇다고 해서 새로운 책을 쓴 것이 아니라 '무엇이 중요한가!'를 고려해서 뜻으로 풀어보는 현대판 『입보리행론』이라고 보시면 좋을 듯싶습니다.

"앞으로 어떻게 살 것인가?"
아무쪼록 이 화두를 가지고 우리 모두 참회와 환희 그리고 수희 가운데서 이 생을 맑고 밝게 만들어가는 계기가 되기를 기원합니다.

※ 이 책과 관련하여 나마스떼코리아 유튜브 채널에서 동영상 강좌를 할 예정입니다.

무릉도원(Ásbyrgi Canyon)

01

공 덕 을 찬 탄 하 라

법 문을 시작하기에 앞서, 먼저 부처님과 부처님의 가르침인 법신을 이어받은 보살님들과 함께, 지극한 예로 공경받아야 할 모든 분들께 절을 올리는 예를 올립니다[지심귀명례至心歸命禮].

여기서는 전승되어 온 경전의 내용 가운데 보살행에 대해서 요점만 잘 간추려 말씀드리고자 합니다.

한 가지 명심하셔야 할 점은, 이 법문이 이전에 없었던 것을 제가 새롭게 만들어 말씀드리는 것이 아니라는 점이니, 오해가 없으시기 바랍니다.

아울러, 저는 뛰어난 말재주가 없어, 이 법문이 여러분께 조금이라도 도움이 되었으면 한다는 그런 어쭙잖은 생각조차 감히 가지고 있지 않다는 점을 밝히고 싶습니다.

다만, 오직 저 자신의 마음공부를 위해서 경전 말씀들을 간추린 법문을 간략하게 말씀드리고자 할 따름입니다. 아무쪼록 이 법문을 끝까지 잘 들어주시면 감사하겠습니다.

이 법문은 스스로가 부처님 가르침에 의지하여 선업善業을 닦기 위한 것일 따름으로 그 이상도 그 이하도 아닙니다. 기나긴 안목에서 보면 어쩌면 찰나와도 같이 짧은 시간이지만, 저와 여러분 모두 이 법문을 하는 동안에, 좋은 인연이 닿아 제 믿음과 깨달음도 함께 잘 자라기를 희망해 봅니다. 뿐만 아니라 저보다 더 뛰어난 인연공덕을 지으셨을 여러분도 이 법문을 통해서 더 많은 성취가 있기를 기원합니다〔선연善緣〕.

윤회하는 우리가 인간의 몸을 얻기는 참으로 어렵습니다. 이렇게 어렵게 인간으로 태어나서 비로소 부처가 되는 수행을 할 수 있는 온전한 기회를 얻게 되었습니다. 그럼에도 불구하고 다시는 오지 않을지도 모르는 이 고귀하고 완전한 기회를 이번에도 제대로 살리지 못하고 허비해서는 안 된다는 각오를 가지고 있습니다.

또다시 언제 부처를 원만하게 성취할 수 있는 인간의 몸을 받을 수 있겠습니까? 이번에도 기회를 놓치게 되면 다시는 기회가 찾아오지 않을지도 모른다는 간절하고 절박한 마음을 가지고 이생을 더는 허비하지 않을 것입니다.

먹구름까지 껴서 더 칠흑같이 어두운 깜깜한 한밤중이라도 번개가 한 번 치면 찰나에 모든 세상이 밝아지곤 합니다.

이처럼 무명을 밝힌 법의 등불이 되어 주신 부처님의 위신력威神力으로 인하여, 감사하게도 우리는 이 세상에서 광명과 같은 반야지혜라는 복덕을 몰록 얻어 자신의 성품〔자성自性〕을 잠시라도 밝힐 수 있게 되었습니다〔법등명자등명法燈明自燈明〕.

여러분께서도 이미 두루 아시는 바와 같이, 선업의 힘은 언제나 예외 없이 나약할 따름입니다. 거꾸로 악업의 힘은 무서울 정도로 강력합니다. 이렇게 거세고 거친 악업을 이길 수 있는 선업은 아무리 찾아도 없을 듯한 것도 사실입니다. 하지만 오늘 말씀드리려고 하는 온전하고도 원만한 보리심은 전혀 차원이 다릅니다. 왜냐하면 오직 보리심만이 악업을 충분히 누를 수 있기 때문입니다.

모든 부처님께서는 무한한 세월 동안 고통받는 중생들을 구제하기 위해 깊은 사유와 명상을 해 오셨습니다. 그 결과 오직 보리심만이 중생구제의 이익과 복덕을 가지고 있다는 것을 찾아내셨습니다 . 이와 같이 보리심은 한량없는 모든 중생에게 지극히 높은 최고의 궁극적인 환희와 편안 그리고 행복을 얻게 하는 최선의 방법이라고 할 수 있습니다. 그러므로 스스로 끝없는 윤회의 고통에서 벗어나는 것은 물론, 나아가 다른 중생의 불행까지도 없애고, 아울러 우리가 모두 함께 큰 행복을 누리고 싶다면, 오직 보리심만은 한시라도 절대로 놓치지 말고 꼭 지니고 있어야 합니다.

우리 모두 윤회라는 고통스러운 감옥에 갇혀 있습니다. 하지만 (번갯불처럼) 아주 잠시라도 보리심을 일으킬 수만 있다면 그 즉시 바로 보살이라 칭송받게 될 것이며, 하늘의 신[천신天神]과 사람들이 모두 다 함께 공경하게 될 것입니다.

연금액錬金液이라는 마법의 액체만 가지고 있어도, 최고의 연금술사가 되어 세상의 모든 물건을 다 황금으로 바꿀 수 있다고 합니다.

이와 같이 보리심을 일으켜 굳건히 잘 지니고 있으면 청정하지 못한 인간의 몸을 가진 우리들도 바로 그 가치를 헤아릴 수 없는 보석[무가지보無價之寶]과 같은 고귀한 부처님이 될 수 있는 과보果報를 얻을 수 있습니다.

고통받는 중생을 안락으로 이끌어 주신 대 스승이신 부처님께서 한량없는 지혜로 깊이 사유해서 찾아내신 고귀한 보석이 바로 이 보리심입니다. 따라서 윤회하는 중생들이 고통의 바다에서 벗어나 진정으로 자유롭기를 바란다면 이 고귀한 보석인 보리심만은 언제나 제대로 굳건하게 잘 지켜야 합니다.

열매를 맺고 난 후에는 바로 시들어 버리는 파초芭蕉처럼, 세상의 다른 모든 선업의 과보도 그렇게 오래 가지 않고 바로 없어져 언제 그랬냐는 식으로 허무하게 사라지게 됩니다. 하지만 오직 보리심이라는 나무만은 언제나 한결같이 푸르고, 열매를 맺고 나서도 시들지 않고 오히려 더 잘 자랍니다. 그러니 우리는 오직 보리심을 갖는 데 힘쓰면 될 것입니다.

아무리 두려운 커다란 공포라도 도망치지 않고 실상 용기를 내어 마주하면 아무것도 아닌 경우가 많습니다.

커다란 두려움도 화로 안에 떨어진 눈처럼 바로 사라져버립니다. 몇 번이나 동어반복을 통해 강조해도 모자람이 있을 정도로, 엄청나게 큰 죄를 지은 사람이라도 보리심만 굳건히 지킬수 있다면 바로 그 순간에 윤회에서 벗어나 자유로워질 수 있습니다.

이미 부처가 되겠다는 큰 뜻을 가지고 인간의 몸을 받았으면서도 지금에 와서 어떻게 이 보리심에 의지하지 않을 수 있습니까? 다시 한 번 말씀드리지만, 말세에 이 세상을 모두 집어 삼켜버리는 불〔겁화劫火〕이 난다고 합니다. 하지만, 보리심은 이런 겁화는 물론 아무리 큰 악업도 찰나에 하나도 남김없이 모두 태워버릴 수 있습니다.

보리심의 공덕은 실로 무한합니다.

앞에서 밝힌 바와 같이, 지금까지의 모든 법문은 제 말이 아닙니다. 이미 지혜로운 미륵보살께서 선재동자에게 하신 감사하고도 고마운 말씀입니다. 나무미륵보살.

보리심은 두 가지로 나눌 수 있습니다. 하나는 보리심을 일으키기를 원하는 마음〔원보리심願菩提心〕이고 다른 하나는 보리심을 실천하는 마음〔행보리심行菩提心〕입니다. 가고 싶어 하는 것과 실제로 가는 것은 다릅니다. 이것을 아는 것처럼, 지혜로운 여러분들은 원보리심과 행보리심, 이 둘의 차이를 차차 알아가게 될 것입니다.

원보리심만 가져도 윤회하는 이 세계에서 커다란 과보를 얻게 됩니다. 하지만 행보리심만큼 한량없는 공덕과 복덕을 얻지는 못할 겁니다. 누구든지 윤회의 고통에서 헤매는 이 세계의 모든 중생을 구제할 때까지는 단 한 발자국도 물러서지 않겠다〔불퇴전不退轉〕는 각오로 이 보리심을 잘 지킬 필요가 있습니다. 단지 그렇게 하려고만 해도 바로 그때부터는 잠에 들거나 마음이 딴 곳에 가는 등 설사 제멋대로 게을리〔방일放逸〕하는 일이 있더라도 그 공덕의 힘은 무량한 허공과 같이 계속 커져만 갈 뿐입니다.

이 놀랍고도 지당한 이야기는 제가 만든 말이 아니라『선비보살경善臂菩薩經』(또는『선비소문경善臂所問經』)에서 부처님께서 소승불교 수행에 안주하려는 중생을 위하여 직접 말씀하신 것입니다.

윤회하면서 고통받는 중생의 두통頭痛만이라도 없애 주겠다는 생각만 내어도 이 또한 선한 의도를 가진 생각이기에 한량없는 공덕을 짓게 됩니다. 하물며 모든 중생의 헤아릴 수 없을 정도로 많은 고통과 불행을 모두 없애고, 나아가 모두 행복해지고 끝없는 공덕을 얻게 하려 한다면 이 보리심 외에 무엇이 더 필요하겠습니까? 오직 보리심만으로 충분합니다.

커다란 이타심이라고 할 수 있는 보리심이 어떤 중생에게 있었습니까? 아버지나 어머니, 천신이나 신인 혹은 그 어떤 바라문이나 성인이나 범천梵天이 일찍이 이런 마음을 가지고 있었습니까? 중생들은 일찍이 자기를 위해서라도 이런 마음은 꿈속에서조차 낸 적 없었습니다. 그런데 남들까지 위하는 이 마음을 어떻게 내었겠습니까? 남들은 물론 자신을 위해서도 이 마음을 내지 못하는 사바세계〔속세俗世〕에서 모든 중생을 위하려는 이 고귀한 마음 자체가 너무나 커다란 보석일 따름입니다. 그렇기에 보리심의 탄생 자체가 더욱 경이롭고도 희유한 것이라고 할 수 있습니다.

모든 중생을 즐겁게 해 주고자 하는 행복의 원인이며, 중생들의 고통의 치료제가 되는 영약인 이 고귀한 보석 같은 보리심의 공덕을 어떻게 다 말할 수 있겠습니까? 단지 남들을 도우려는 생각만 내어도 수많은 부처님들께 공양 올리는 공덕보다 뛰어나다고 합니다. 하물며 중생을 하나도 남김없이 모두 다 행복하게 하려는 노력의 공덕이야말로 더 말해 무엇하겠습니까?

　중생들은 불행에서 벗어나려고 하면서도 어리석게도 거꾸로 고통의 수렁 속으로 뛰어들고 있습니다. 행복을 원하면서도 어리석기 때문에 스스로 행복의 씨앗이 되는 보리심을 원수인 양 가까이 가려고도 하지 않습니다.

　그 무엇으로 행복을 잃어버리고 불행의 수렁 속에 빠져 고통받는 중생 모두에게 한량없는 행복을 주며 고통을 다 여의게 하고 어리석음의 원인인 무명無明마저 다 없애줄 수 있겠습니까? 오직 보리심만이 가능합니다.

　보리심과 견줄만한 선행이 또 어디에 있겠습니까? 그런데 보리심을 행하는 도반은 어디에 있습니까?

　보리심과 같은 공덕이 다시 또 어디에 있겠습니까? 은혜를 갚거나 보답을 바라고 도와줘도 칭찬을 많이 받습니다.

　하물며 아무런 보답도 바라지 않고 베푸는 보살들께 그 어떤 칭송의 말이 더 필요하겠습니까? 어떻게 해야 다 칭찬할 수 있습니까?

몇몇 중생에게 어쩌다 한 끼니 정도만 해결할 수 있을 정도의 보시만 하거나, 설사 업신여기는 마음으로라도 반나절만 배부르게만 해 주면 세상 사람들은 선행했다고 칭송합니다.

하물며 한량없는 허공처럼, 중생들에게 긴 세월 동안 변함없이 최고의 행복을 주고자, 끝없이 소원을 들어주고 항상 베푸는 부처님의 보시에 그 어떤 칭송의 말이 더 필요하겠습니까?

누구든지 이처럼 보시하는 보살에게 행여라도 악의를 품거나 나쁜 생각을 낸다면 내는 것만으로도 내는 만큼, 아니 그 이상의 세월 동안 지옥에 머물게 된다고 여래께서 말씀하셨습니다.

반대로 만약 어떤 이가 보리행에 선의를 품거나 큰 신심을 내어 행한다면 그 과보는 그보다 훨씬 많이 늘어만 갑니다.

보리행을 하는 보살께는 큰 어려움이 닥치더라도 악업은 일어나지 않고 선업만 늘어날 뿐입니다.

앞으로 누구에게나 거룩하고 고귀한 보리심을 내실 여러분께 먼저 예로써 경배 드리고자 합니다. 심지어 자신을 해치는 사람에게까지도 행복의 길로 인도하며 환희하실 보살의 본체이기도 한 여러분들께 귀의합니다.

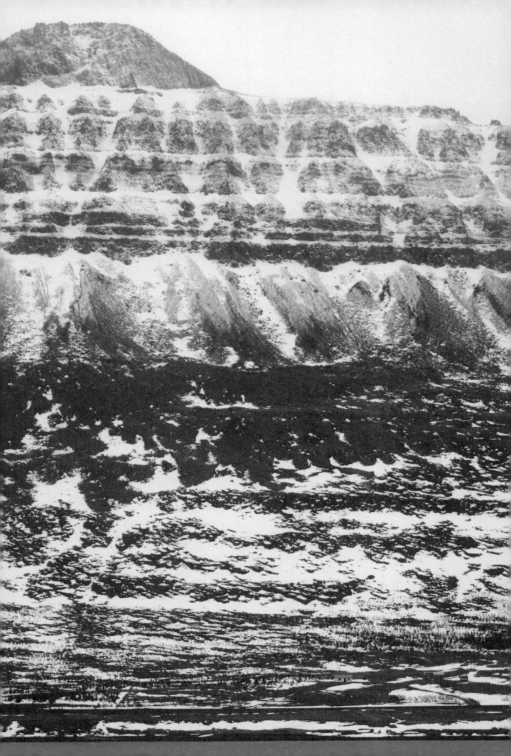

9층탑(Hólmavik)

02

악업을 참회하라

진귀한 보석과 같은 이 보리심을 간직하기 위해 무한한 공덕의 바다인 모든 불보살님들과, 티조차 없는 성스러운 보배와 같은 부처님 가르침인 바른 법(정법正法)에 지극한 마음으로 정성을 다해 공양 올립니다.

이 세상에 존재하는 모든 꽃과 과일
온갖 약초와 모든 귀한 보석
깨끗하고 청량한 청정수
진귀한 보석으로 장엄한 산
아름다운 숲으로 둘러싸인 고요하면서도 즐거운 들판
꽃이 핀 늘 푸르른 가지마다
맛있는 열매가 주렁주렁 달린 나무들

천상계에 은은하게 퍼지는 꽃다운 향

소원을 들어주는 나무〔여의수如意樹〕

보배가 달린 나무들

굳이 기르지 않고 가만히 둬도

저절로 자라서 수확할 수 있는 갖가지 곡물

이외에 모든 공양 올리기에 좋은 진귀한 보배들

연꽃이 만발한 호수

연못에서 노니는 백조의 아름답고 청아한 노랫소리

허공계 끝까지 다해도 가득 채울 수 없을 정도로 많은

주인 없는 모든 것들…

저는 마음으로 이 모든 것들을 자세히 관觀하며 수승한 불보
살님들께 지극한 정성으로 공양 올립니다.

참다운 공양의 대상이신 복의 터전〔복전福田〕이자 자비의 화
신인 불보살님들께서는 부디 저를 어여삐 여기시어 이 모든 공
양물을 받아주소서.

저는 공덕이 없어 지금 너무나 가난합니다. 실제로 공양 올릴
만한 어떤 재물도 가지고 있지 않습니다. 당신(불보살님)들은 남
을 위하는 실천인 이타행利他行을 서원하신, 우리 중생들의 보
호자이십니다. 당신들의 영묘하고 불가사의한 힘〔위신력威神力〕

으로 제가 관觀하며 올리는 이 모든 공양물을 받아주소서.

아울러, 당신들께 제가 모든 생을 통해 얻게 될 모든 몸을 영원히 다 바치고자 합니다. 중생 가운데 최고의 영웅이신 당신들께서 모두 받아주시고, 부디 공경하는 당신들의 백성이 되게 하여 주소서.

당신들께서 받아주시고 온전하게 보살펴 주신다면 윤회의 두려움과 고통이 없는 중생이 되도록 노력할 것이며, 지금까지 지어온 모든 악업을 완전히 소멸시키는 한편으로 앞으로 다시는 더 이상 다른 악업도 짓지 않겠습니다.

눈부시게 빛나는 크리스털 유리로 만든 바닥과 찬란한 보석으로 장엄한 기둥 그리고 영롱하고 아름다운 진주로 장식된 천정으로 된 신묘한 향기가 가득한 깨끗한 목욕탕에서 은은한 기쁨이 넘치는 아름다운 노래와 음악이 울려 퍼지는 가운데 불보살님들께 수많은 보병에 가득 채워진 향수를 부으며 정성스럽게 목욕시켜 드리기를 원합니다.

목욕이 끝나면 흠 없고 견줄 바 없이 좋은 향기가 나는 깨끗한 천으로 당신들의 몸을 닦아 드리겠습니다. 그리고 나서 성스러운 당신들께 잘 어울리는 오묘한 색을 들인 (속)옷을 먼저 공양 올리겠습니다. 그리고 아름답고 얇고 부드러운 옷들과 수많은 진귀한 보석이 박힌 장신구로 성스러운 보현보살 문수보살 관세음보살을 비롯한 모든 보살님도 함께 장엄해 드리겠습니다.

우리의 성스러운 왕이신 모든 부처님의 몸에 칠해져 있는 정제된 맑고 밝은 황금처럼, 삼천대천세계에까지 두루 퍼지는 가장 좋은 향을 온몸에 다 발라드리겠습니다.

공양받아야 할 고귀한 부처님께 아름다운 만다라화와 우담바라, 푸른 연꽃 등의 꽃으로 향기롭고 아름다운 화환을 만들어 공양 올립니다. 최고로 매혹적인 향을 가득 품고, 사르르 피어오르는 구름같은 향의 연기〔향연香煙〕와, 드시고 마실 수 있는 온갖 천상의 맛있는 음식도 다 함께 공양 올립니다.

청정하고 부드럽고 고른 대지에 아름답고 향기로운 꽃잎을 흩뿌린 위에 황금빛 연꽃봉오리처럼 잘 만들어진 진귀한 보석들로 만든 등불도 함께 공양 올립니다. 부디 모든 중생의 무명을 쫓아내 주소서.

아름다운 찬탄이 퍼지는 가운데 끝없는 허공을 모두 장엄할 수 있을 듯이 많은 진주와 진귀한 보석으로 된 빛나는 장신구들로 뒤덮인 수많은 천상의 찬란한 궁전들 또한 대자대비하신 당신들께 올립니다.

가장자리에는 멋지고 우아한 장식이 주렁주렁 달려 있고, 황금손잡이까지 달려, 언제나 단아하게 펼 수 있는 아름다운 보배로 된 양산〔일산보개日傘寶蓋〕또한 모든 부처님께 공양 올립니다. 이외에 다른 모든 수많은 물건 또한 아름답고 청아한 소리를 담아 함께 공양 올립니다.

부디 중생들이 사는 곳이면 어디든 보이는 구름이 성스러운 부처님의 가르침인 정법의 모든 고귀한 보배와 불탑과 불상들 위로 보배로운 꽃비를 끊임없이 내려주듯이, 중생들의 고통을 남김없이 씻어내 주소서.

문수보살과 보현보살께서 모든 부처님께 올리신 공양 그대로 따라서 저도 똑같이 우리의 수호자이신 모든 불보살님께 공양 올리고자 합니다. 저는 기꺼이 노래를 부르며 무량한 공덕의 바다이신 불보살님을 찬탄하고자 하오니, 마치 구름이 끊임없이 피어나듯이 감미로운 찬탄이 당신들 앞에서도 항상 이어지게 하소서. 모든 방향의 과거·현재·미래의 삼세三世 등 온 세상에 거하시는 모든 부처님과 부처님의 가르침인 정법과 그리고 거룩한 제자들인 승가, 즉 불법승佛法僧이라는 세 가지 보배〔삼보三寶〕께 온 우주의 먼지만큼 수많은 몸을 나투어 내서 가장 지극한 절〔오체투지五體投地〕을 올립니다.

보리심의 터전이신 불보살과 성스러운 사리가 있는 수많은 불탑과 그리고 대덕 큰스승〔역대전등歷代傳燈·제대조사諸大祖師·천하종사天下宗師〕과 수승한 수행자〔일체미진수一切微塵數·제대선지식

諸大善知識)들께도 절 올립니다.

깨달음의 정수, 즉 부처님이 되는 성불成佛에 이를 때까지 부처님과 부처님의 성스러운 가르침인 정법과 보살대중 여러분인 승가에 똑같이 귀의합니다. 시방삼세十方三世의 모든 곳에 머무시는 원만하신 부처님과 보살님들, 그리고 대자대비하신 모든 분께 저는 두 손 모아 합장하며 서원합니다.

시작도 끝도 없는 무시 이래의 윤회 속에서 이번 생과 또 다른 모든 생에서 제가 인과응보因果應報의 연기법緣起法을 모르고 지은 허물과 남까지 시켜서 짓게 한 악업, 그리고 나중에 자신을 뒤엎고 짓누를 무명의 어리석음으로 인한 허물을 보고도 오히려 기뻐한 것에 이제야 비로소 눈을 뜨고 마주 보게 됩니다. 진심으로 보호자이신 불보살님께 깊이 참회합니다.

번뇌의 문門이라고 할 수 있는, 몸과 말과 마음이라는 신身·구口·의意 삼업三業으로 저지른 모든 악행과, 스스로도 용납할 수 없을 정도로 많은 잘못과 허물로 생기고 쌓인, 제가 범한 잘못들에서 우리 모두를 구원해 주시며, 공덕의 터전인 불법승 삼보, 부모님과 스승님들과 그리고 그밖의 다른 분들께 명백히 고백하고 참회합니다.

다만, 제가 지은 죄악을 제대로 참회하여 씻어내기도 전에 먼저 죽음이 찾아오면 상상도 못할 고통의 바다인 윤회에 다시 빠져 버릴 것입니다. 부디 바로 당장 지금 어떻게든 여기서 확실하게 벗어날 수 있도록 속히 저를 보호하고 구원해 주소서.

저승사자는 우리가 하던 일을 다 했건 못했건 간에, 병들었건 건강하건 기다리지 않고 예고 없이 언제 찾아올지 전혀 알 수 없습니다. 죽을 때는 모든 것을 다 버리고 오직 홀로 떠나야 합니다. 그런데도 이전에는 제가 무지하여 이 사실을 전혀 모른 채 좋아하는 사람에게도 미운 사람에게도 온갖 악업을 저질렀습니다. 언젠가 미워했던 사람도 좋아했던 사람도 모두 사라질 것입니다. 그들처럼 저 또한 사라질 것이니 결국 모두가 사라질 것입니다.

마치 꿈속의 환영처럼 제가 경험했던 모든 것이 기억 저편으로 다 사라지고, 지나간 모든 것은 다시는 볼 수 없게 됩니다. 잠시 따스했던 이 짧은 인생에서 사랑했거나 미워했던 많은 사람들이 떠나가지만, 그들에게 저지른 제 악업만은 여전히 사라지지 않고 제 곁에 고통스럽게 남아 있어 참기가 힘듭니다.

이렇게 어느 날 갑자기 언제 죽을지 모르면서도, 무명과 집착과 화냄으로써 수많은 악업만 지었습니다. 낮도 밤도 머물러 있지 않고 바로 지나갑니다. 이렇게 삶은 계속 줄어만 가며 결코 늘거나 길어지지 않는데, 제가 뭐라고 저만 죽지 않을 수 있겠습니까? 어느 날 갑자기 임종이 다가와 제가 침상에 누워 친구와 친지들에게 둘러싸여 있을지라도 결국 숨이 끊어지는 죽음의 고통은 저 혼자만 겪어야 합니다. 저승사자가 왔을 때도 친구나 친지가 무슨 도움이 되겠습니까?

정말 그때는 오직 그동안 쌓은 공덕만이 저를 지켜 줄 수 있을 뿐인데 저는 이마저도 제대로 쌓지 못하였습니다.

부처님! 방일했던 제가 이와 같은 죽음의 두려움을 제대로 모른 채 이 덧없는 삶에 대한 집착으로 인하여 아무런 생각 없이 수많은 악업을 저질렀습니다.

손발이 모두 잘려져 나갈 곳으로 오늘 당장 끌려가게 되면, 시급하여 두려움에 떨며 입은 마르고 얼굴은 창백해지고 눈 주위는 홀쭉해져 그 몰골이 말이 아니게 바뀔 것입니다.

하물며 저 무서운 저승사자는 채찍을 들고 족쇄를 채우니 이 무시무시한 모습에 크게 겁을 먹고 벌벌 떨며 똥오줌까지 싸 버릴 텐데, 이 처절하고 불쌍한 몰골은 더 말해 무엇하겠습니까?

누가 이 공포에서 저를 온전히 구해 주겠습니까? 놀란 눈을 부릅뜨고 애타는 마음으로 사방을 둘러보며 도움을 청해 보겠지만, 천지사방 그 어디에도 저를 보호해 줄 분이 없음을 보고 나면 저는 더욱 참담해질 것입니다.

그렇습니다. 구원받지 못하게 되어 절망에 빠지는 바로 그때서야 뒤늦게 제가 아무것도 할 수 없음을 알게 될지도 모릅니다.

　이에 세상을 보호하려고 애쓰시며 큰 위신력으로 모든 두려움을 다 떨쳐주시는 중생의 수호자이며 승리자이신 부처님께 지금 당장 바로 이 순간부터 진심으로 귀의합니다. 윤회의 두려움을 없애주는 성스러운 가르침(불법)이 마음속에 자리한 보살님과 그 성스러운 회상에 모인 분들께도 역시 진심으로 귀의합니다.

　저는 두려움에 벌벌 떨면서 보현보살과 문수보살께도 저 자신을 다 바칩니다. 한결같이 대자대비하게 구원을 하시는 관세음보살께도 고통의 괴로움에 가련하게 울부짖으니 죄 많은 저를 보호해 주시기를 기원합니다.

　성스러운 허공장보살과 지장보살 그리고 대자대비하신 모든 수호자께 간절한 마음으로 저를 구원해 주시기를 기원합니다.

　보기만 해도 무섭고 두려운 염라왕의 저승사자와 지옥의 옥졸들마저도 벌벌 떨게 하며 두려워서 사방으로 줄달음치게 하는 금강수보살께도 귀의합니다.

　이전에는 당신들의 말씀을 어기고 무시했으나 이 큰 공포를 보고 나서 이제라도 당신께 귀의하니 속히 이 두려움을 없애 주시기를 간청합니다.

　하찮은 질병에 걸려도 겁을 먹고 의사의 말대로 따르는데, 하물며 탐욕과 같은 수많은 허물로 인해 번뇌의 병에 걸려 평생 시달리며 살았으니 더 말해 무엇 하겠습니까?

이 가운데 지은 한 가지 악업만으로도 세상사람 모두보다 앞서는데 이 모든 악업을 치료할 약은 세상천지 어디에서도 얻지 못하고 있습니다. 모든 병과 고통을 다 잘 아시는 의사이시기도 한 부처님께서 모든 아픔을 다 없애줄 수 있다고 해도, 그 말대로 따르려고도 하지 않는다면 이는 너무나 부끄럽고 어리석은 일입니다.

경사가 급하지 않은 언덕을 오를 때도 조심스럽게 해야 하거늘 하물며 천 길 지옥의 낭떠러지 앞에서 더 말해 무엇 하겠습니까? 적어도 오늘 당장 죽지 않는다는 생각도 어리석고 부끄러운 일입니다. 그렇다고 해서 편하게 지낼 수 있다는 것은 당치도 않습니다. 왜냐하면 제가 분명 죽어야 하는 그 순간은 언제 닥칠지 아무도 모르기 때문입니다.

그 누가 저의 이런 두려움을 없애줄 수 있습니까? 어떻게 하면 여기서 확실하게 벗어날 수 있겠습니까? 끝내 결국 다 죽거나 사라지고 말 것인데, 어떻게 내가 마음 편히 지낼 수 있겠습니까?

지난날 누리던 향락 가운데 지금 제게 남은 것은 무엇인가요? 저는 그것들이 사라질 줄도 모르고 크게 탐하며 스승이신 불보살의 말씀까지 무시하고 어겼습니다. 이렇게 한 생을 낭비하고 친지와 친구를 모두 다 두고 나 홀로 낯선 곳으로 떠나가야만 하거늘 친구나 원수나 그게 다 무슨 소용이 있겠습니까?

어떻게 하면 악업으로 인한 고통에서 확실히 벗어날 수 있겠습니까? 밤낮으로 언제나 잊지 않고 저는 오직 이것만을 생각해야 마땅합니다. 무지한 어리석음으로 얻은 본질적인 악업〔성죄性罪〕이든 따라 한 악업〔차죄遮罪〕이든 모두 제가 저지른 잘못입니다. 보호자이신 부처님 전에 나아가 합장하고 앞으로 제가 겪을 고통을 두려워하는 마음으로 거듭 절하면서 이 모든 것을 참회합니다.

중생을 이끌어 주시는 성자들이시여, 저의 모든 악업과 잘못을 어여삐 여겨 주시고 이렇게 선하지 않았던 모든 악업으로부터 저를 구해 주소서. 저는 이제 앞으로는 다시는 결코 이런 악행을 저지르지 않겠습니다.

말차의 깊이 (Ytri-Raudamelskúlur Volcano)

03

온전히 잘 지녀라

지옥 등의 삼악도三惡道에 빠진 중생들이 모든 고통에서 벗어나는 방법은 오직 선업을 짓는 길(선도善道)을 걸어야 하는 것뿐입니다. 선업을 닦는 길을 걸어야 행복과 안락安樂을 얻을 수 있습니다. 이런 깨달음(보리菩提)의 씨앗(인因)이 있어야만, 이로 말미암아 공덕도 지을 수 있습니다.

이와 같은 부처님의 가르침으로 인하여 모든 중생이 윤회의 고통에서 완전히 벗어나 해탈의 길로 나아가게 됩니다. 구원자이신 부처님의 깨달음과 그 씨앗, 그리고 보살들의 열 가지 경지(십지十地)의 힘으로 모든 중생에게 행복을 가져다주는 깨달음의 마음(보리심)을 일으켜 중생을 이롭게 하는 선업인 보리행菩提行의 공덕을 수희 찬탄합니다.

다시 공경하는 마음으로 합장하고 간청드립니다. 시방의 모

든 부처님께서는 고통의 어둠 속에서 헤매는 중생들 앞에 부처
님 가르침인 정법의 등불을 밝혀 주소서〔전법륜轉法輪〕.

바로 열반에 드시려는 부처님께서도 이 눈먼 중생들을 무명
의 세계 속에 그냥 버려두고 떠나지 마시고 영겁토록 우리와 함
께 머물러 주소서.

절하고 공양 올리고 참회하는 등 지금까지 제가 쌓은 모든 선
행의 공덕으로 모든 중생의 고통이 남김없이 사라지게 하소서.

이 세상의 병든 중생들 모두가 완치될 때까지 제가 약이 되고
의사가 되고 간병인이 되어 이들과 함께하게 하소서.

먹거리와 마실 것이 단비처럼 내려 굶주림과 갈증의 고통이
사라지게 하고 이 기나긴 기근의 시간〔겁劫〕에 제가 중생들에게
필요한 먹고 마실 식량과 음료가 되어서라도 이들과 함께하게
하소서.

제가 가난한 중생들을 위해 한량없는〔무진장無盡藏〕 재물이 되
고 그들에게 유용한 갖가지 도구가 되어 그들 곁에 항상 머물게
하소서.

제 몸은 물론 삼세에 쌓아 올린 모든 선업의 공덕까지도 중생
의 행복과 성취를 위해서라면 아낌없이 모두 다 보시하겠습니
다. 모든 것을 보시함으로써 고통을 넘어 열반을 이루게 된다고
합니다. 이에 따라 저도 모든 것을 보시하여 열반에 이르고자

합니다. 중생의 행복을 위해서 모든 것을 다 보시하는 것이야말로 최고의 보시입니다.

중생들이 원하는 대로 제 몸을 이미 보시했으니, 죽이거나 욕하거나 때리더라도 상관하지 않고 기꺼이 받아들이겠습니다. 제 몸을 가지고 놀거나 장난을 치거나 업신여기거나 조롱하거나 웃음거리로 만들지라도 이미 이 몸을 보시했는데 무슨 상관이 있겠습니까?

중생에게 해가 되는 일이 아니라면 무슨 일이라도 기꺼이 할 것입니다. 언제나 중생의 이익이 되고 행복이 되는 사람이 되게 하소서.

저로 인해 설혹 누구라도 화를 내거나 의심을 내거나 싫어할 수 있습니다. 그렇다고 해도 오히려 그 자체로 언제나 그들이 모든 소원을 성취하게 하는 씨앗〔인因〕이 되게 하소서.

또한, 누군가 저를 나쁘게 비방하고 험담하고 비난하면서 해롭게 하고 조롱하더라도 이 모든 것으로 인해서 중생들이 깨달음을 이루는 인연이 되게 하소서.

의지할 곳 없는 이들의 의지처가 되고, 길 떠나는 이들의 안내자가 되고, 강이나 바다를 건너가는 이들에게 필요한 배가 되고 다리가 되고 사공이 되게 하소서.

바다에서 육지 섬을 찾는 이에게는 섬이 되고, 빛을 구하는

산이 된 거인(Lomagnupur)

이에게는 등불이 되며, 잠자리를 원하는 이에게는 쉼터나 침구가 되고, 하인을 구하는 이에게는 종이 되게 하소서.

진귀한 여의주如意珠나 행운의 보배로운 병〔보병寶甁〕이 되거나 강력한 성취 주문〔진언眞言〕이나 최고의 영약이 되거나 모든 이의 소원을 들어주는 나무〔여의수如意樹〕가 되거나 암소처럼 중생이 원하는 것은 모두 다 보시하게 하소서.

대지를 구성하는 땅〔지대地大〕을 비롯하여 지수화풍地水火風 4대四大의 원소〔대종大種〕들은 허공이 다하도록 언제나 헤아릴 수 없이 많은 중생들 삶의 갖가지 바탕이 됩니다. 이런 4대와 같이 허공이 다할 때까지 항상 모든 중생들이 끝없는 고통에서 다 벗어나 해탈하여 열반에 이를 때까지 제가 그들 삶의 기반이 되게 하소서.

과거의 모든 부처님은 보리심을 일으키시고 보살 수행의 계제와 순서〔차제次第〕를 따라 보리행을 배우며 닦아 나아갔습니다.

이처럼 저도 두려움 없는 설산雪山의 사자獅子와 같이 모든 중생을 위하여 보리심을 일으켜서〔발심發心〕 보살 수행의 차제에 따라 보리행을 배워 차례대로 수행하며 익혀 나가고자 합니다〔보살계수지菩薩戒受持〕.

지혜롭고 현명하게 지극한 신심으로 진지하게 수승한 보리심

을 일으켜서 지니고 유지하고 행하고 또한 끝없이 넓게 증장增
長시키기 위하여 스스로 마음을 격려하겠습니다.

이제 겨우 제 인연도 열매를 맺어 인간의 몸을 받아 인생이라
는 큰 의미도 갖게 되었습니다. 이번에 부처님이 될 수 있는 씨
앗을 가지고〔불종佛種〕 태어났기에, 기꺼이 지금부터라도 부처
님의 제자인 보살이 되려고 하겠습니다.

이제부터는 무슨 일을 하더라도 모든 행동을 부처님 가문에
합당하게만 할 것입니다. 허물없는 이 고귀한 가문을 더럽힐 행
동은 하지 않을 것이며, 전혀 누가 되지 않도록 하겠습니다.

장님이 쓰레기 더미 속에서 보석을 찾은 것처럼 이런 어려움
가운데 운 좋게도 저도 이 고귀한 보리심을 얻게 되었습니다.

보리심은 중생의 죽음을 사라지게 하는 최고의 감로수甘露水
와 같이 영원히 죽지 않는 약초인 불사초不死草와 같습니다.

중생의 가난을 모두 없애고도 전혀 줄지도 않는 무진장한 재
물이기도 합니다.

중생의 질병들을 모두 치료해 주는 최고의 영약입니다.

윤회의 길에서 헤매다 지친 고통받는 중생의 피로를 한 번에
풀어주는 쉼터와 같은 푸른 나무의 그늘이 되기도 합니다.

모든 중생을 악도惡道에서 벗어나게 하는 다리이기도 합니다.

중생의 번뇌 고통을 사라지게 하는 마음속을 밝히는 떠오르

는 밝은 달이기도 합니다.

중생을 혼미하게 하는 짙은 안개와 같은 무명을 하나도 남김 없이 뿌리째 뽑아버리는 크고 밝은 태양입니다.

부처님의 참된 가르침인 정법의 정수로 우유를 잘 저어서 뽑아낸 버터와도 같습니다.

윤회의 길에서 방황하는 중생들은 편안하고 행복하고 즐거운 삶을 바랍니다. 이런 중생들을 최상의 행복에 머물게 하며 긴 여정에 커다란 안도감과 만족을 주는 것도 바로 이 보리심입니다.

제가 오늘 모든 구원자이신 부처님의 안전에서 비록 한순간의 짧은 시간일지라도 모든 중생을 손님으로 모셔 부처님의 경지와 같은 영원히 행복한 곳으로 초대했으니, 천신天神을 비롯하여 아수라와 같은 신은 아니지만, 신령스런 존재인 비신非神들도 모두 기뻐할 것입니다.

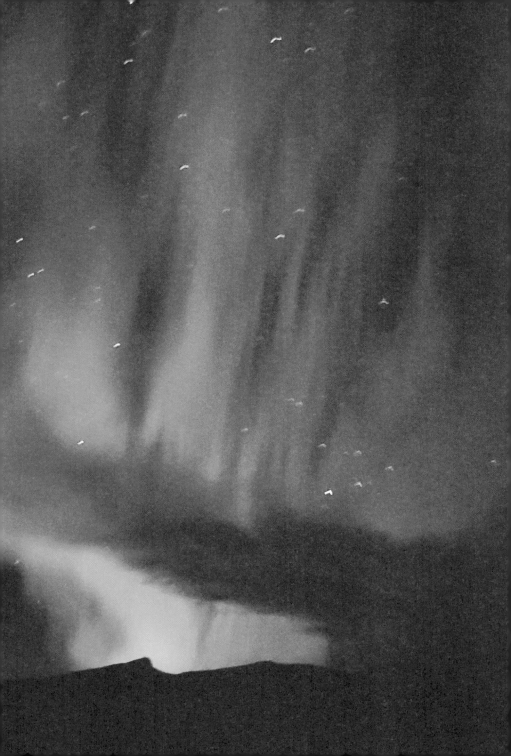

가루라(Skyggnir B&B Fludi)

04
까불며 놀지 마라

보살들이 일으킨 보리심을 확고하게 지니고서〔정념正念〕 항상 흔들림 없이 방일放逸하지 말고 가르침에서 벗어나지 않도록 수행에 힘써야 합니다.

까닭에 조금이라도 벗어난 것이 있다면 경솔하게 시작했거나 신중하게 잘 점검하지 못했기 때문입니다. 혹여 벌써 하겠다고 맹세하거나 약속을 했을지라도 앞으로 계속해서 해야 할지 말아야 할지를 깊이 다시 한 번 생각해 보아야 합니다.

부처님과 보살들은 항상 크나큰 지혜로 모두 깊이 철저하게 생각하고 관찰해 왔습니다. 저 또한 거듭 최선을 다해 심사숙고해야 하니만큼 어떻게 다시 다음으로 시간을 늦출 수가 있겠습니까?

만일 이처럼 맹세해 놓고도 이를 이루기 위해 행동으로 옮기려고 애쓰지 않는다면 모든 중생을 속이는 것이 됩니다. 그렇다면 제가 앞으로 가야 할 윤회輪廻의 길은 어떻게 되겠습니까? 아마도 다시는 인간의 몸을 받을 수 없을 것입니다.

경전에 의하면, 아무리 사소한 물건이라도 마음속으로 한 번이라도 '보시하겠다'는 생각을 품었음에도 불구하고 다른 이에게도 주지 않는다면 아귀로 태어난다고 합니다. 최고로 행복한 자리로 모든 중생을 손님으로 초대해 놓고 이들을 기만한다면 제가 어떻게 보살이 되는 길〔상사도上士道〕로 갈 수 있겠습니까?

누구는 보리심을 포기한 사람마저도 해탈하게 한다고 합니다. 하지만 '업業'이 구현되는 방식의 이치나 작용은 불가사의不可思議하여 우리같이 평범한 범부의 생각으로는 도저히 알 수조차 없습니다. 다만 오직 모든 지혜를 증득證得하신 전지전능하신 부처님만이 아실 수 있습니다.

보리심을 포기하는 것은 보살이 타락해서 악도에 떨어지는 것 가운데서도 중죄重罪라고 합니다. 이런 일이 일어난다면 모든 중생의 이익이 정말 많이 줄어들기 때문입니다. 어느 누가 한순간이라도 보살이 공덕을 쌓는 것을 방해한다면 중생의 이로움에 크나큰 해를 끼치는 것이니 끝없는 악도에서 고통을 받게 될 것입니다.

한 중생의 행복이라도 무너뜨리면 자신이 먼저 망하게 됩니다. 그런데 허공과 같이 셀 수 없을 정도로 한없이 많은 모든 중생의 행복을 무너뜨리는 데 무슨 말이 더 필요하겠습니까?

이와 같이 윤회계에서 계속 헤매면서, 보리심을 일으켰다가 다시 무너뜨리고 악업을 짓게 되는 일을 반복하면 보살의 경지를 성취하는 데 더 많은 세월이 걸리게 될 뿐입니다. 그러므로 서원한 대로 저는 지극한 정성으로 부지런히 애써 실천할 것입니다.

만일 지금부터라도 애쓰지 않는다면 점점 낮은 지옥 등의 악도로 나아가는 길〔하사도下士道〕로 떨어질 것입니다. 모든 중생에게 이로움을 주기 위해 헤아릴 수 없을 정도로 무수한 부처님이 오셨었지만, 제 오랜 업과 장애〔업장業障〕로 인해서 구제받지 못했습니다.

이생에서도 제가 또 그와 같은 일을 되풀이한다면 악도에 태어나거나 병들고 속박당하며 잘리고 베이는 등의 온갖 고통을 또다시 겪게 될 것입니다.

여래께서 출현한 세상에서 믿음〔신심信心〕을 가질 수 있는 인간의 몸을 얻어 선업을 짓기에 익숙해지게 되는 수행은 정말로 진귀하고 희유한 기회가 아닐 수 없습니다. 언제 다시 이런 기회를 얻을 수 있겠습니까?

오늘 비록 병 없이 건강하고 먹거리도 풍부하고 장애나 역경이 없다 한들, 삶은 한순간의 속임수나 그림자에 불과할 따름입니다.

지금까지 제가 해왔던 소행으로 보면 앞으로 인간의 몸을 다시 받을 수 없을 것 같습니다. 이처럼 되어 버리면 오직 악업만 지을 뿐 다시는 선업을 쌓을 수가 없게 됩니다.

이처럼 선업을 쌓기 좋은 인연을 만나기 힘들다는 것을 알면서도 이제라도 스스로 선업을 쌓지 않으면, 악도의 모든 고통으로 완전히 혼미해지는 그때 제가 대체 무엇을 할 수 있겠습니까?

선업은 전혀 짓지도 못하면서 악업만 계속 쌓여 가니 백천만 겁의 긴 세월이 흘러도 천상이나 인간세상 등의 선취善趣란 말은 듣지도 못할 것입니다.

이런 연유로 석가세존께서는 넓고 큰 바다 위를 떠다니는 나무토막 구멍으로 눈먼 거북이가 목을 내미는 것만큼이나 인간의 몸을 받기가 매우 어렵다고 말씀하신 것입니다.

한순간에 지은 악업만으로도 무간지옥無間地獄에 한 겁이나 되는 긴 세월 동안 머문다고 하셨습니다. 따라서 끝도 시작도 없는 무시이래無始以來로 윤회하며 쌓아온 악업의 죄과로는 절대로 선취에 태어날 수 없습니다. 그만큼의 과보만으로도 악도에서 쉽게 벗어나지 못하게 됩니다.

왜냐하면, 과보를 받는 동안 또 다른 악업을 많이 짓게 되기 때문입니다. 그런 까닭에 악도에 한 번 떨어지게 되면 정말 다시는 인간의 몸을 얻을 기회가 없어지게 됩니다. 그런데도 지금처럼 인간의 몸을 얻고서도 스스로 선행을 익히려 애쓰지 않는다면 이보다 더한 잘못은 없을 것이며, 이보다 더한 어리석음도 없을 것입니다

만일 이런 사실을 알고 나서도 너무나도 어리석은 탓에 미혹에 빠져 계속해서 게으름을 피우고 나태하면 임종이 다가왔을 때 크나큰 슬픔에 잠기게 될 것입니다. 견디기 어려울 정도로 뜨거운 지옥의 불길이 오랫동안 자신의 몸을 다 불사를 것입니다. 그때는 참을 수 없는 후회의 불길로 인해 틀림없이 마음은 더욱 커다란 고통에 휩싸이게 될 것입니다.

지극히 얻기 어려운 인간의 몸을 받아 운 좋게도 이 복스러운 땅에 태어나는 행운을 얻게 되었음을 스스로 이미 잘 압니다. 그런데도 또다시 지옥으로 자신을 이끌려고만 하고 있습니다. 주술에 걸려 혼미해져 정신을 못 차리면서도 무엇이 저를 이토록 어지럽혔는지 그리고 도대체 무엇이 제 안에 있는지 모릅니다.

제 안에 있는 애증과 분노 그리고 탐욕 등의 원수들은 손도 없고 발도 없으며 지혜와 용기도 없는데도 저를 종처럼 부리고

있습니다. 더욱이 그 원수들은 제 마음에 자리 잡고 희희낙락하면서 저를 해하고 있는데도 저는 그들에게 성낼 줄도 모릅니다. 싸우려고도 하지 않고 그저 이유 없이 참기만 하고 있으니 매우 부끄러운 치욕일 따름입니다.

만일 신이나 아수라와 같은 비신 모두가 제 원수가 되어 달려든다고 해도 저를 무간지옥의 불구덩이 속으로 빠뜨리진 못합니다.

하지만, 번뇌라는 이 막강한 원수들은 무엇을 만나건 심지어 수미산須彌山조차도 한 톨의 재災도 남기지 않고 모두 다 태워버릴 수 있는 불구덩이로 저를 밀어 넣어 순식간에 태워버릴 수 있습니다.

번뇌라는 이 원수는 시작도 끝도 없이 오랫동안 살아남아 우리 중생에게 크나큰 고통을 주고 있습니다. 다른 그 어떤 원수도 이보다 더 긴 시간 제게 해를 끼치지 못했습니다. 제가 아닌 외적이라도 번뇌라는 그 원수들을 공경하며 따뜻하게 받든다면 이들 모두는 제게 이로움과 행복을 줄 것입니다. 하지만 제 안의 이 번뇌들은 의지하면 의지할수록 훗날 제게 더 큰 불행과 고통의 피해를 줄 뿐입니다.

오랜 세월 동안 고통을 주는 원인인 번뇌라는 이 원수는 이미 제 마음 가운데 겁도 없이 오만하게 한 자리를 차지하고 있습니

앗싸! 가오리(Perlan Observatory, Reykjavík)

다. 그걸 알면서도 제가 어떻게 전혀 상관하지 않고 이 윤회 세계만을 계속 탐닉할 수 있겠습니까?

감옥 같은 윤회 세계의 간수와 같은 번뇌는 결국 지옥의 옥졸이나 염라대왕 또는 망나니 등으로 변합니다.

이와 같이 제 의식 깊은 마음속에서 탐욕과 집착들이 그물을 펼치고 걸려들기만을 기다리고 있는데 어떻게 제가 행복할 수 있겠습니까?

사람들은 자존심이 강하고 오만하며, 한순간이라도 아주 작은 해가 되는 일이 생겨도 바로 크게 화를 냅니다. 때로는 분노가 사그라지기 전까지는 잠도 이루지 못하기도 합니다.

하물며 이렇게 큰 해악을 끼치는 원수들을 어떻게 해야겠습니까? 분명하고 확실하게 다 없앨 때까지 도중에 포기하지 않고 온갖 노력을 멈추지 않아야 합니다.

병사들은 결국 피할 수 없는 죽음으로 이르게 될 줄 알면서도 적들을 무너뜨리고 싶어합니다. 치열한 전쟁터에서 창과 활에 꿰뚫리는 등 온갖 부상의 고통에도 불구하고 뜻을 이루기 전에는 전혀 물러서지 않습니다.

하물며 언제나 모든 고통의 원인이 되는 이 원수 같은 번뇌들을 없애기 위해 어떻게 해야 하겠습니까? 온갖 고통이나 어려움에 봉착해도 걱정하고 힘겨워하거나 게을리하거나 용기를 잃는 등 절망하지 않고 다시 싸울 것입니다.

병사들은 적들이 입힌 하찮은 상처까지도 몸에 훈장처럼 달고 다니며 과시합니다. 그런데 깨달음을 얻는 그런 큰 목적을 이루기 위해 애쓰는 제가 어떻게 이 고통을 부끄러워하지 않는 것은 물론 나아가 고통을 참고 극복하지 않을 수 있겠습니까?

어부와 백정 그리고 농부들도 오로지 자신의 생업을 위해 더위와 추위의 고통을 견뎌냅니다. 그런데 모든 중생의 행복을 위하겠다는 제가 어떻게 그만한 고통도 견디지 않을 수 있겠습니까?

시방의 허공 가운데 가득한 수많은 중생들을 번뇌에서 해탈시키겠다는 서원을 세운 지가 언제인데, 아직 제 자신조차도 모든 번뇌에서 벗어나지 못했습니다. 주제나 분수도 모르면서 그와 같이 서원을 말한 것을 보니, 그때는 제가 제정신이 아니었나 봅니다. 설사 그렇다고 해도 이제부터라도 번뇌를 쳐부수기 위해 저는 영원히 물러서지 않겠다는 불퇴전不退轉의 마음으로 임하려고 합니다.

이런 강한 의지로 저는 최선을 다해 어떤 번뇌와도 원한을 품은 듯이 원수처럼 대하며 끈질기게 맞서 싸우겠습니다. 이 번뇌처럼 보이는 원한은 다른 원한을 없애는 데 필요한 것으로 결코 번뇌가 아닙니다. 이를 제외한 다른 모든 번뇌를 다 끊어 버리고 없앨 때까지 절대로 물러서지 않겠습니다.

제가 불에 타 죽는다고 해도 제 머리가 잘려나간다 해도 결코 번뇌라는 원수들에게는 굴복하지 않겠습니다.

하찮은 세간의 원수들은 물리치면 잠시 다른 곳으로 물러났다가 다시 똘똘 뭉쳐 힘을 키운 후에 다시 쳐들어오기도 합니다. 그러나 제 안의 번뇌라는 원수에게는 그런 기회조차 주지 않을 것입니다. 번뇌란 지혜의 눈으로 봐야만 바로 사라져버립니다.

그런데 제 마음에서 사라진 다음에 어디로 가 숨어 있지 않을까요? 아니 혹시 언젠가 다시 저를 해치러 되돌아오지 않을까요?

이와 같이 마음을 졸이다가는 제게는 더 이상 이 원수들에게 대항할 여력마저 다 없어질지도 모릅니다. 그러나 번뇌란 원수는 감각의 대상〔육경六境〕에 있는 것도 아니며, 감각기관〔육근六根〕에 있는 것도 아니며, 그 사이인 중간이나, 또 다른 어떤 곳에 있는 것도 아닙니다. 그런데 도대체 어디에 머물러 있다가 다시 되돌아와서 중생에게 고통과 해를 끼칠 수 있다는 말입니까?

번뇌는 실체가 아닌 단지 허깨비〔환영幻影〕에 불과합니다. 이에 대한 두려움을 떨쳐버리고 오직 지혜를 위해 정진하면 저절로 해결될 일입니다. 그런데도 쓸데없이 저는 스스로 왜 여러

지옥을 비롯하여 윤회계에 빠져서 아무 이유도 없이 그렇게 수많은 고통과 해를 당하려고 했던 것일까요?

이와 같이 부처님께서 설하신 많은 가르침대로 행하도록 최선을 다해 애쓰겠습니다. 의사의 말을 듣지 않고 근거도 없는 단지 의사 자격도 없는 사람들이 좋다는 약에만 의존하는 환자를 어떻게 치료할 수 있겠습니까?

어디가 하늘(Hólmavik)

05

계율을 잘 지켜라

修행자가 배운 계율을 잘 지키려면 오롯이 집중해서 마음을
잘 지켜야 합니다. 이 마음을 제대로 지키지 못하면 계율을 지
킬 수가 없습니다.

　마음을 코끼리에 비유해 보면, 코끼리가 풀려 날뛰면 무간지
옥의 해를 입지만, 코끼리가 아무리 미쳐 날뛰어도 그만큼의 해
를 끼치지 못합니다. 언제 어디서든 대상을 기억하는 능력인 억
념憶念의 밧줄로, 마음 안에서 날뛰는 미친 코끼리를 단단히 잘
묶어두어야 합니다. 그러면 그 어떤 두려움도 모두 사라지고 모
든 선업이 다 우리들 손안으로 들어오게 됩니다.

　호랑이·사자·코끼리·곰·뱀 등 모든 종류의 천적과 지옥의
간수와 옥졸 그리고 저주스러운 야차와 나찰 등의 악귀도 오직
이 마음 하나만 잘 붙들어 매어두면 나머지 모든 것들을 다 붙

잡을 수 있습니다.

따라서 오직 이 마음 하나만 잘 다루면 나머지는 모두 따라서 몸과 마음을 고르게 하여 굴복〔조복調伏〕시킬 수 있습니다.

이와 같이 모든 두려움과 헤아릴 수 없이 많은 고통도 부처님 설법대로 마음에서 생깁니다.

지옥의 수많은 무기는 대체 누가 무엇 때문에 그토록 부지런히 만들어 내었을까요? 시뻘겋게 타오르는 뜨거운 철판은 대체 누가 왜 만들었을까요? 타오르는 정욕의 화신 같은 간통하는 여자들은 도대체 어디서 왜 생겼을까요?

이와 같이 모든 것은 악한 마음에서 생겼다고 부처님께서 말씀하셨습니다. 그러므로 욕계 · 색계 · 무색계의 삼계三界를 다 둘러봐도 마음보다 더 무서운 것은 없습니다.

가난에서 중생을 벗어나게 하는 것이 보시바라밀布施波羅蜜입니다. 아직도 이 세상에는 여전히 굶주리는 중생이 많이 남아 있는데 과거 부처님들은 어떻게 보시바라밀을 완성해서 피안으로 갈 수 있었을까요?

존재하는 모든 것은 인과응보의 결실입니다. 제게 지금 여기 있는 것도 다 그러하니, 제 것을 준다는 마음을 내지 말고 그냥 아무 생각 없이 중생들에게 베푸는 것이 바로 보시바라밀입니다. 그러므로 보시바라밀의 완성 역시 모두 오직 이 마음 하나에 달린 것입니다.

물고기를 포함해서 살아 있는 그 어떤 생명도 죽이지 말고 보호하며, 그렇게 살생의 악업을 멀리하겠다는 마음을 지니는 것이 계율을 지키는 지계바라밀持戒波羅蜜입니다. 난폭하고 포악한 중생은 허공에 가득하기에 그들 모두를 정복하거나 죽이는 것은 불가능합니다. 하지만 화내는 이 마음 하나만 잘 다스리면 모든 적을 무찌른 것과 다르지 않습니다. 자기 두 발을 보호하기 위해 온 대지의 동물을 다 죽여서 꼭 그 가죽으로 덮어야 만족하겠습니까?

그 많은 가죽은 대체 왜 얻으려 합니까? 자신의 발바닥 크기의 가죽 하나만 가지면 될 뿐인데, 온 대지를 가죽으로 덮을 필요는 없지 않습니까?

바깥 경계, 즉 외부의 일들을 일일이 다 단속할 필요가 있겠습니까? 그렇습니다. 없습니다. 내 안의 마음 하나만 단속하면 그만인데, 바깥 경계까지 단속해서 도대체 무슨 소용이 있습니까?

맑고 밝은 마음을 단 한 번 일으킨 인과응보만으로도 범천梵天, 즉 브라만신으로 태어날 수 있습니다. 하지만 몸과 입으로 지은 과보는 아무리 부족하고 약해도 그것이 장애가 되어 범천같이 되기는 어렵습니다. 진언을 염송하고 온갖 고행을 오랫동안 했을지라도 마음이 딴 데 가 있다면 아무런 의미나 소용이 없다고 부처님께서 말씀하셨습니다.

누구든지 수승한 법의 근본 핵심인 이 마음의 비밀을 알지 못한다면 고통을 없애고 행복을 얻으려 해도 안 되고 그저 그렇게 의미 없이 윤회세계를 떠돌게 될 뿐입니다.

그러므로 마음을 잘 붙잡아 확실하게 제대로 다스리고 바르게 지켜야 합니다. 마음을 제대로 지키지 못한다면, 그 외에 다른 많은 수행을 한들 무슨 소용이 있겠습니까?

천방지축 날뛰는 난폭한 무리 속에 있을 때는 몸에 난 상처를 조심스럽게 감싸며 지킵니다. 그와 같이 악한 사람들과 있을 때는 마음을 상처처럼 잘 지키고 돌봐야 합니다. 작게 난 상처의 고통도 잘못될까 봐 두려워서 상처에 주의를 기울입니다.

그런데 8대 지옥의 하나로 두 개의 대철위大鐵圍산 사이에 죄인을 끼워놓고 산을 합하여 죽게 하는 중합衆合지옥을 두려워한다고 하면서도, 어떻게 지옥으로 떨어질 수 있게 만드는 마음의 상처는 여전히 돌보지 않고 있습니까?

이와 같이 언제나 마음을 잘 돌보면 악한 이들이나 여인들 가운데 머물러 있어도 굳건한 수행자의 계율은 기울어지지 않습니다.

제 재산과 명예 그리고 육신 나아가 삶은 흩어지고 쇠하고 피폐해져도 괜찮습니다. 그 밖에 다른 모든 것이 다 기운다고 해도 괜찮으나 마음만은 결코 기울어지거나 줄어들지 않게 해야 합니다. 저를 비롯하여 마음을 지키려는 이들은 목숨을 버리는 한이 있더라도 언제나 최선을 다해 억념憶念과 고요히 가라앉혀 바르게 알아차리는 정지正知를 지킬 수 있도록 제가 이렇게 두 손 모아 합장합니다.

병으로 쇠약해져 신음하는 이들은 어떤 일도 뜻대로 할 수 있는 힘이 없어 무기력할 따름입니다. 무명과 무지로 인해 미혹되어 마음이 쇠약해지거나 어지러워진 사람은 아무 일도 제대로 할 수 없습니다.

깨진 항아리에서 물이 새어 하나도 남지 못하는 것과 같이, 정지를 갖추지 못한 마음을 가진 중생은 아무리 듣고 생각하는 〔문사수聞思修〕 수행을 한다 해도 억념憶念에 머물 수가 없습니다. 법문을 듣고 배워서 믿음이 생긴 이가 아무리 수행 정진을 열심히 한다 해도 정지가 없기에 타락하고 더러워집니다.

정지가 없어져 억념이 쇠하게 되면 많은 공덕을 쌓았다 하더라도 도둑에게 다 빼앗겨 결국 악도에 떨어집니다. 이 번뇌라는 도적 떼는 호시탐탐 노리고 있습니다. 기회만 포착하면 바로 쳐들어와 선업의 공덕을 훔쳐 빼앗고 선취善趣에 태어날 기회마저 끊어버립니다.

그러므로 억념憶念이 마음의 문에서 떠나지 못하게 단단히 붙들어 매어 두어 결코 사소한 것도 절대 놓치지 말아야 합니다. 설사 놓쳤다 하더라도 악도에서 받을 해악과 고통을 즉시 기억해내서 바로 다시 마음에 떠올려 계속해서 잘 챙겨야 합니다.

부처님과 스승의 가르침을 외경하며 받들어 따르고, 악도를 두려워하며 좋은 인연〔선연善緣〕을 받들려고 할 때 억념憶念은 쉽게 생겨납니다.

불보살께서는 항상 걸림 없이 자유자재로 시방세계의 중생을 굽어보시고 계십니다. 우리 모두는 바로 그런 불보살님들 앞에 언제나 있습니다. 따라서 우리는 늘 부끄러움과 공경심 그리고 두려움을 가지고 중생들을 받들어야 합니다.

부처님이 우리 앞에 계시다는 것을 기억하는 억념憶念이 거듭 생겨나게 해야 합니다. 언제나 억념憶念이 마음에 머물러 있게 되면, 그때서야 비로소 정지가 이루어질 것이며, 한번 사라졌다 해도 되돌아와서는 결국 다시는 떠나지 않게 될 것입니다.

고요한 가운데 마음에 신업과 구업 등이 일어나려고 하면 이게 허물이며 잘못되었음을 바로 알아차려 그 순간에 바로 (멈추게 하여) 나무토막처럼 흔들림 없이 머물러야 합니다. 이것이 바로 정지입니다.

수행도 마찬가지로 길을 걸을 때 쓸데없이 여기저기 두리번

거리며 산만하게 쳐다보지 말아야 합니다. 언제나 변함없이 한 마음으로 시선을 다른 곳으로 돌리지 말고 집중해서 관觀을 합니다.

이와 같이 발 디딜 땅을 잘 살피면서 계속 응시해야 합니다.

응시로 인한 눈의 피로를 잠시 풀기 위해 가끔 주위도 둘러보아야 합니다. 그때 혹시 누군가 눈에 띄면 '어서 오세요. 잘 왔습니다. 환영합니다'라는 마음으로 쳐다보고 반갑게 맞이해야 합니다.

수행도 마찬가지로 길을 갈 때, 위험하지는 않는지 재차 주변(사방)을 살펴보면서 쉬어야 합니다. 먼 곳을 볼 때는 걸음을 멈추어야 하고, 가끔 뒤돌아보며 즉 머문 자리도 살펴야 합니다. 이처럼 앞뒤를 잘 살피며 왕래해야 합니다.

모든 상황에서 해야 할 것이 무엇인지 잘 확인한 뒤에 알아서 적절하게 행해야 합니다. 길을 가기 전에는 몸의 상태는 어떤지도 항상 염두에 두고 점검하며, 출발 후에도 자신의 몸 상태가 어떤지 잘 살펴야 합니다.

마음속의 미친 코끼리를 정법이라는 마음의 기둥에 풀리지 않게 확실하게 잘 묶어 놓고 달아나지 않도록 온갖 노력을 다해서 살피고 또 점검해야 합니다.

언제나 마음이 지금 어디에 있는지 끊임없이 알도록 노력해야 합니다. 한순간도 놓치지 않고 마음이 기둥을 떠나 '어디로 향하려 하는지, 무엇을 원하는지'를 꼼꼼히 관찰하고 살펴야 합니다.

생명을 위협받는 위험에 처했거나 축제에 참석했을 때와 같이, 만일 정지와 억념을 지킬 수 없는 때에는 잠시 편안히 쉬어도 좋습니다. 다만, 이렇게 필요에 따라 보시하듯이 편안히 쉬게 할 때도 계율은 평등하게 적용해야 합니다.

무엇이든 결심하고 시작했으면 그것 외에 다른 것은 전혀 생각하지도 말고 오로지 집중하고 끝날 때까지 사력을 다해 열심히 행하면 짧은 시간에 성취할 수 있습니다. 이렇게 하면 모든 것이 잘 성취됩니다.

그러지 않고 산만하게 딴청 피우다가 이도 저도 안 됩니다. 아울러 정지가 없을 때 마음에 따라 생기는 모든 번뇌[수번뇌隨煩惱]도 늘어나게 됩니다.

흔히 쓸데없는 잡담에 끼거나 신기하고 재미있는 구경거리에 가게 되면 마음을 빼앗기게 되는데, 그런 것들에 대한 집착을 먼저 잘 다스려야 합니다. 이유 없이 땅을 파거나 풀을 뽑거나 땅바닥에 그림을 그리다가도, 부처님의 가르침을 기억해 내야 합니다. 그래서 마음 빼앗긴 것을 두려워하며 바로 그만두고 멈춰야 합니다.

여기저기 돌아다니는 등 움직이고 싶거나 괜히 말을 하고 싶을 때도 먼저 자신의 마음 상태를 잘 살펴서 차분하게 이치에 맞게 행해야 합니다.

한순간이라도 마음에 집착이 일어나거나 화를 내고 싶을 때도 그 어떤 말이나 행동도 먼저 하는 경거망동을 하지 말며 움직이지 않는 나무토막같이 가만히 머물러 있어야 합니다.

들뜨거나 거칠어지거나 나태해지거나 거만해지거나, 자신이 아닌 남의 허물을 들추어내며 남 탓을 하려거나, 속이려는 마음이 일어날 때도 움직이지 않는 나무토막같이 가만히 머물러 있어야 합니다.

자신을 과시하고 싶거나 남을 얕보며 업신여기고 싶거나 헐뜯고 비방하고 이간질하며 싸우려고 할 때도 움직이지 않는 나무토막같이 가만히 머물러 있어야 합니다.

재물과 존경 그리고 명예를 원하거나, 하인이나 부하를 부리고 싶거나 스스로가 대접받기를 바랄 때도 움직이지 않는 나무토막같이 가만히 머물러 있어야 합니다.

남을 돕고자 하는 이타심이 사라져서 시기하게 되거나 자신만의이익을 챙기고 싶거나 그런 말을 하고 싶은 마음이 생길 때도 움직이지 않는 나무토막같이 가만히 머물러 있어야 합니다.

참을성 없이 안달하고, 게으르거나, 용기 없이 비굴하게 굴

고, 고집부리거나, 염치없이 무례하게 허튼 망언이나 상소리를
일삼고, 자기만 생각하는 마음이 일어날 때도 움직이지 않는 나
무토막같이 가만히 머물러 있어야 합니다.

항상 모든 번뇌와 쓸데없이 부질없는 일을 좇는 마음을 대하
게 되면 바로 살피면서 적절하게 대응하며 다스리고〔대치對治〕
마음을 단단하게 지켜야 합니다.

부처님에 대한 크고 굳은 믿음을 가지고 중생에게 겸손하고,
부끄러움을 알고 인과의 두려움을 알아서 차분하게 온화하고
부드러운 인상으로 남들의 행복을 위해 노력해야 합니다.

서로 화합하지 못하고 충돌하는 어리석은 이들이 자신이 원
하는 것을 고집하며 변덕부리는 것을 미워하거나 힘들어하며
낙담해서는 안 됩니다. 이 역시 번뇌로 인해 생긴 것임을 알아
차려 연민의 마음으로 자애롭게 대해야 합니다.

언제나 자신만을 위해서가 아니라 중생들을 위한 일 가운데
확실하게 비난받지 않도록 선행을 해야 합니다. 나를 비롯한 모
든 것이 허깨비, 즉 환영幻影과 같으므로 '내 것'이라는 아집을
내지 않도록 마음을 항상 지켜야 합니다.

정말 어렵게 길고 긴 시간이 걸려 오랜만에 귀중한 인간의 몸
을 받았습니다. 이 점을 항상 기억하며 자주 떠올려 마음이 수
미산처럼 아무런 동요가 없도록 확고부동하게 지켜야 합니다.

죽음이 찾아와 독수리가 시체에 붙어있는 고기의 살점을 탐하여 서로 쫓으며 뜯어먹는 것을 보면서도 남의 일로 받아들여, 마음은 그다지 싫어하지 않으면서, 지금 왜 이 몸에는 그토록 집착합니까?

이 몸을 자신의 것이라고 집착하기에 마음은 그토록 그 몸을 지키려고 하는 것입니다. 하지만, 몸과 마음은 둘로 서로 각각 별개의 것인데 이 몸을 그토록 보호하는 것이 마음에 무슨 이익이 있을까요?

마음이여! 어리석게도 너는 왜 나무와 같이 깨끗하면서도 결국 더럽게 썩어 갈 오물 덩어리며 악취가 나는 몸뚱이에만 집착해서 대체 무엇을 하려는가?

우선 마음속으로 먼저 그 몸뚱이의 살갗 껍질을 차례대로 하나씩 벗겨 보고 살과 뼈가 그물처럼 이어진 부분들도 지혜의 칼로 한 면씩 잘라 분리해 나누어 봐야 합니다. 뼈까지도 따로 추려내고 골수의 속까지 보면서 '여기 어디에 실체가 있는지'를 스스로 찬찬히 직접 따져 봐야 합니다.

이와 같이 아무리 애써 찾아봐도 몸뚱이에서는 어떤 실체도 찾지 못할 것입니다. 그런데도 왜 여전히 이 몸을 지키려고 그토록 집착합니까?

몸뚱이는 불결해서 먹을 수도 없습니다. 피도 마실 수도 없으며 내장 또한 삼킬 수 없는데 대체 이런 몸을 어디에 쓰려고 그렇게 아끼는가요? 결국 죽고 나면 독수리나 승냥이의 먹이가 됩니다. 그런데도 이 몸을 지키는 데 집착하는 것이 마땅한가요?

모든 인간의 몸은 중생들의 행복을 위한 선행을 배우고 베푸는 데에만 쓰여야 합니다.

그대가 그토록 지키고 또 지켜도 죽음의 저승사자가 무자비하게 빼앗아가서 독수리나 승냥이에게 던져줄 텐데 그때 당신들은 무엇을 할 수 있겠습니까?

주인의 말을 안 따르고 제멋대로 구는 종에게 굳이 옷이나 품삯을 주지 않는 법입니다. 그런데 몸뚱이는 돌봐줘도 제멋대로 결국 다른 곳으로 가버릴 텐데, 그대는 왜 고생스럽게 지치도록 돌보고 있습니까?

그럼에도 불구하고 몸뚱이에 품삯을 주며 돌보고 싶다면 이제부터는 자신의 뜻에 따라 남들을 위해 일하도록 해야 합니다. 그런데도 말을 안 듣고 제멋대로라면, 아무 데에도 쓸모없는 몸에는 더 이상 아무것도 주지 말아야 합니다.

이 몸을 이생에 잠시 왔다가 가는 데 의지하는 수단으로서 나룻배라고 생각해야 합니다. 단지 잠시 사용하는 것일 뿐이니, 중생의 모든 행복을 성취시키는 보배로운 몸〔여의신如意身〕이 되도록 해야 합니다.

이와 같이 몸뚱이에 얽매임 없이 자유로워져서 언제나 미소를 지으며 웃으며, 화난 표정과 찡그린 인상을 쓰지 말며 온 세상 사람들에게 진실하게 먼저 인사하는 그런 친구가 되어야 합니다.

의자 같은 가구들을 옮길 때는 조심성 없이 끌어 거친 소리를 내지 않게 해야 하며, 문도 세게 꽝꽝 두드리거나 막 열고 닫지 말아야 하며 항상 조용히 조심스럽게 해야 합니다.

물새나 도둑고양이가 소리 없이 눈에 띄지 않게 숨어 있다가 슬그머니 먹이를 낚아채며 훔쳐서 원하는 것을 이루듯이, 보살이 되려는 우리도 역시 항상 이같이 해야 합니다.

지혜롭게 남에게 충고하고 격려하며, 청하지 않아도 도움을 베풀고자 충고의 말을 해 주면 기꺼운 마음으로 받아들여야 하며, 항상 중생들을 존경과 겸손으로 모시고 배우며 모든 이의 제자가 되어야 합니다.

모든 바른말을 선한 말씀으로 여기고 감사해야 하며, 복을 짓는 행동을 보면 함께 기뻐하는 수희찬탄隨喜讚歎을 해야 합니다.

없는 사람의 숨겨진 덕을 칭찬할 때는 함께 거들며 기뻐해야 하며, 자신이 칭찬받을 때는 자만하지 말고 그런 덕이 정말 자

스치는 인연(Jökulsárlón)

신에게 있는지 잘 살펴야 합니다.

보살이 되려는 우리의 모든 노력과 행동은 중생 모두의 행복을 위한 것이어야 합니다. 이것은 돈으로도 살 수 없는 고귀한 행으로 다른 이가 이런 덕행을 했다면 따라서 기뻐합니다. 나아가 그 안에서 행복을 찾아 함께 기뻐해야 우리도 행복할 수 있습니다.

이렇게 해야 이생에서도 해가 되지 않을뿐더러 다음 생에서도 큰 행복을 누릴 것입니다. 그렇지 못하면 이생에서는 허물 때문에 기쁨은 없어지고 오직 고통만 남으며, 다음 생 역시 고통스러울 것입니다.

말은 마음과 앞뒤가 맞듯이 조리 있게 부합해야 하며, 뜻을 분명히 밝혀서 마음에 와닿아 호감을 느끼게 해야 하며, 진심과 탐심 등의 집착과 증오를 끊고 부드럽게 적절하게 말하고 행해야 합니다.

눈으로 남을 볼 때도 '그들이 있기에 자신이 부처가 될 수 있다'는 것을 알아차려 온전히 진실하게 연민을 가지고 보아야 합니다.

항시 커다란 원력으로 선행에 힘써서, 번뇌 망상에 대해서는 적절하게 대응하며 다스리고〔대치對治〕, 공덕과 은혜의 복전福田이 되도록 고통당하는 중생들을 고통에서 벗어나게 해야 합니다.

지혜와 신심을 가지고 선업을 행할 때는 누구에게 의지하거나 남 탓도 하지 말고 오직 솔선수범해야 합니다. 보시바라밀 등 육바라밀에 우선순위를 정해 점차적으로 순서대로 힘써 행해야 합니다.

작은 이익 때문에 큰 뜻을 버리지 말아야 합니다. 무엇보다도 중요한 것은 남을 이롭게 하는 일[이타행利他行]을 더욱 소중하게 여겨야 한다는 것입니다. 이처럼 바로 알아차려, 항상 다른 이들의 행복을 위해 이타행에 보다 힘써야 합니다.

이를 위해서 대자비의 부처님께서 멀리 내다보시고 소승에서 금지된 것을 대승에서는 허용하신 것입니다.

동물, 병자, 의지할 곳 없는 사람들, 계율을 지키는 걸식 수행자들에게 보시하고 분수에 맞게 적절하게 나눠 주며 세 가지 법의(승복) 외에는 자신이 소유하지 말고 남에게 모두 베풀어야 합니다.

정법의 정진에 써야 할 이 몸을 사사로운 이익을 위해서 소모해서 해롭게 하지 말아야 합니다. 이처럼 행하면 중생의 소원을 보다 빠르게 이루게 됩니다.

거꾸로 뒤집혀진 전도된 잘못된 연민으로 이 몸을 함부로 써서도 안 됩니다. 어떤 일을 하건 이생과 다음 생에서 반드시 보리를 이루기 위한 수단, 즉 씨앗〔인因〕으로 써야 합니다.

존경심이 없는 이에게는 법을 설하지 말아야 합니다.

아프지도 않으면서 머리를 싸매거나 양산으로 가렸거나 막대기나 무기를 지녔거나 두건을 둘러 얼굴을 가린 (위험한) 이들에게는 법을 설하지 말아야 합니다.

소승에게 대승의 넓은 법을 설하지 말아야 합니다.

남편을 동반하지 않은 부인에게 법을 설하지 말아야 합니다.(지금도 이슬람 국가 등에서는 통하는 말씀 같습니다.)

소승을 따르건 대승의 법을 따르건 모두 똑같이 존중하며 행해야 합니다.

광대한 법의 그릇〔법기法器〕, 즉 대승의 가르침을 받으려는 이에게 소승의 법을 담으려 하지 말아야 합니다.

계율을 지키는 행인 지계행持戒行을 절대로 버리지도 말아야 합니다.

현교顯敎와 밀교를 구분하여 현혹하거나 기만하지 말아야 합니다.

치아를 닦는 데 쓰는 나뭇조각이나 가래침을 뱉고 나면 안 보이게 잘 덮어야 합니다.

소변이나 용변을 사람이 다니는 길거리나 마시는 우물에 함부로 버려서는 안 됩니다.

많은 음식을 한입에 가득 욱여넣거나 쩝쩝대며 입을 크게 벌리고 먹지 말아야 합니다.

다리를 쭉 뻗으며 앉지 말아야 하며 팔짱을 끼는 등 교만스럽게 굴지 말아야 합니다.

남의 부인과 단둘이 마차나 침실에 있지 말아야 합니다.

세상 사람들이 불쾌하게 여기거나 혐오하거나 불신하는 것이 무엇인지 다 물어서 삼가야 합니다.

길을 물어올 때는 한 손가락으로 가리키면 죽인다는 의미로 받아들이므로 그러지 말며, 공손하게 오른손의 손가락 모두를 사용해서 손가락들을 다 펴서 가리켜야 합니다.

급한 일이 있어 사람을 부를 때도 두 손을 너무 크게 흔들지 말고 조그만 손짓으로 가볍게 손가락을 튕기는 정도의 소리로 신호를 보내야 합니다. 그렇게 (절제된 행동을) 하지 않으면 마음의 안정을 잃게 되어 계율에 어긋나게 됩니다.

부처님께서 열반에 드실 때와 같은 자세와 방향을 취해 누워야 합니다.

깨어나서도 정지正知를 속히 일으킬 수 있게, 잠들기 전부터 반드시 확실하게 다짐해야 합니다.

보살의 행에 대해서는 수없이 많으니, 그전에 먼저 마음을 닦는 수행이 더욱 확고해질 때까지 쉬지 말고 계속 수행해야 합니다.

　아침저녁으로 세 번씩 참회와 공덕 그리고 회향의『삼취경三 聚經』을 염송하며 불보살의 보리심에 의지하면 남은 죄는 따라 서 정화되어 소멸됩니다.

　스스로 하는 자력自力이든 남의 힘으로 하는 타력他力이든 어 떤 상황에 있더라도 가르쳐 주신 대로 매순간 적절하게 상황에 맞춰서 배우고 익히도록 해야 합니다. 보살들이 가르치지 않은 것은 그 어디에도 없습니다. 이처럼 받아들이고 임하는 지혜로 운 자에게 공덕이 되지 않을 것은 아무것도 없습니다.

　직접이든 간접이든 중생 이익을 위한 일이 아니면 행하지 말 아야 하며, 오로지 중생의 이익을 위해서 하며 모든 행은 깨달 음을 위하여 회향해야 합니다.

　항상 대승의 의미에 정통하여 보살의 계율을 잘 지켜온 선지 식을 목숨을 걸고서라도 지키고 버리지 말아야 합니다.

　『화엄경』「입법계품」에 나오는 덕생동자德生童子의 해탈법문 解脫法門에 나오는 대로 '선지식을 모시는 방법'을 먼저 배워 익 혀야 합니다.

　이외의 내용에 대해서는 부처님이 말씀하신 다른 경전을 읽 으면 알 수 있습니다. 많은 경전에서 배워야 할 바를 보이셨으 니 반드시 해당 경전을 읽어야 합니다.

특히, 『허공장보살경虛空藏菩薩經』*의 보살과 관련된 내용은 제일 먼저 보아야 합니다. 또한, 부족하지만 제가 넓고도 깊은 경전들을 모은 『대승집보살학론大乘集菩薩學論』**은 반드시 몇 번이고 보고 공부해야 합니다. 더불어 많은 경전의 요약만 잘 간추려 놓은 경론들도 꼭 보아야 합니다. 또한 존귀한 나가르주나, 즉 용수보살께서 지으신 또 다른 경론들도 부지런히 보아야 합니다.

어떤 '경장經藏'에서든 금지한 것은 하지 말고 하라는 것은 그대로 따라서 열심히 꼭 행해야 합니다.

세상 사람들의 마음을 지키기 위해서 보살이 배울 바를 잘 알아서 바르게 실천해야 합니다.

몸과 마음의 상태를 거듭 살피는 것을 한마디로 간단하게 줄이면 정지正知를 지키는 것입니다. 읽기만 하거나 말로만 때운

---

* 5세기 초 계빈국 출신의 학승 불타야사가 번역한 1권입니다. 허공장보살이 사람들의 소원을 다 들어준다는 내용으로 소원성취를 위해 축원하는 방법과 그 이익에 대해 설합니다.

** 산티데바가 지은 대승의 수도자들이 배워야 할 19장의 내용으로 구분은 보살 수행의 기본인 육바라밀을 기준으로 하였습니다. 특히 지계 부분을 7장에 걸쳐 설명하여 육바라밀 중 가장 중요하게 여겼는데, 이러한 서술은 이 책 『입보리행론』과 비슷합니다.

다면 보살을 어떻게 이룰 수 있겠습니까?

　단순히 처방전을 읽는 것만으로 병자에게 대체 무슨 도움이
되겠습니까? 이 모든 것들은 반드시 몸으로 실천해야 하는 이
유가 바로 여기에 있습니다.

위풍당당(hekla)

06

잘 참고 용서하라

수천 겁 동안 지어 온 보시와 부처님께 올린 공양 등 그 모든 선행과 공덕도 단 한순간의 분노로 다 사라집니다. 분노보다 더한 악업은 없고 인욕보다 더 어려운 고행은 없습니다. 그러므로 진지하게 모든 방법을 다 동원해서라도 인욕 수행을 해야 합니다. 분노로 인한 독이 마음에 생기면 마음의 평온은 사라져 기쁨과 행복도 얻지 못하고 불안해서 잠도 못 이룹니다.

이제까지 주인에게 재물과 명성으로 은혜를 입었다 하더라도 주인이 화를 낼 때에는 증오하게 되어 해치려고 대들기까지 합니다. 분노하는 사람은 친구들조차 실망하고 피해 떠나갑니다. 뭔가를 보시하며 나눠주며 회유해 보려 해도 아무 소용없이 모두들 외면합니다.

결국, 화를 내면 좋을 게 하나도 없으니 아무도 행복해질 수 없습니다. 분노라는 원수가 수많은 고통을 만들어내는 원인임을 깨달아 앞으로 주의하여 화를 가라앉힌다면 이생에도 다음 생에도 행복할 수 있습니다.

하기 싫은 일을 해야 하거나 하고 싶은 일을 방해받아 못하게 되면 마음에 불만이 생기고 이것이 쌓여 분노로 커져서 결국 우리를 삼키고 파괴해 버립니다. 우리를 해치는 가장 큰 원수는 다름 아닌 분노입니다. 그러므로 스스로 분노의 먹이가 되는 불만이 쌓이도록 내버려두지 말고 남김없이 없애야 합니다.

자신에게 어떤 일이 닥치더라도 마음의 행복만은 흔들리지 않도록 해야 합니다. 마음이 불행해지면, 수행을 비롯하여 원하는 것을 이루지 못하고 지금까지 지어온 모든 선행도 사라지게 됩니다. 만약 고통의 원인을 해결할 수 있다면 걱정할 필요조차 없습니다. 만약 애초에 해결할 수 없는 것이라면 걱정한들 무슨 소용이 있겠습니까?

우리는 내 편인 사람에게는 고통, 멸시, 험담, 모욕 등이 없기를 바랍니다. 그러나 원수에게는 그 반대이기를 바랍니다.

행복은 씨앗조차 좀처럼 쉽게 생기지 않지만, 고통은 너무나 많습니다. 그러나 고통이 없으면 세속이 싫어져 멀리하는 마음인 염리심厭離心도 생기지 않아 해탈할 수가 없게 됩니다. 그러므로 마음을 단단히 잘 지켜야 합니다.

힌두교 여신 두르가(Durga)*에 대한 잘못된 믿음 때문이지만 그 외도로 광신도인 까르나빠(Karnapa)들은 쓸데없이 불로 지지거나 칼로 베는 고행조차도 일부러 하며 무의미한 인내까지도 서슴지 않습니다.

그런데 보리, 해탈을 바라면서도 어떻게 작은 고통조차도 인내하려 하지 않습니까? 습이 되어 익숙해지면 쉬워지지 않는 것은 아무 것도 없습니다. 작은 고통에 익숙해하며 참다 보면 더 큰 고통도 견딜 수 있게 됩니다.

모기나 쇠파리 등 해충에게 물리거나, 굶주리거나 목마르거나, 옴 같은 가려운 피부병이 걸리는 등을 인내의 기회로 보지 못하고, 어떻게 아무 의미 없는 하찮은 고통으로만 여긴단 말입니까?

더위와 추위, 비바람, 질병, 고난한 여행, 결박이나 감금, 구타 등 에 인내하지 못하고 나약해져서 엄살이나 부리면 고통과 피해만 더욱 커질 뿐입니다.

어떤 이는 자신의 피를 보면 오히려 더 큰 용기를 내기도 합

---

* 두르가는 악마 등 삶에 존재하는 모든 부정적인 것을 파괴하는 가장 숭배 받는 힌두 여신으로 음식을 주는 안나푸르나(Annapurna), 무시무시한 형태의 챤디(Chandi)와 깔리, 용서해 주는 따라(Tara) 등으로 형상화되기도 합니다.

니다.

어떤 이는 남의 피를 보기만 해도 깜짝 놀라 기절까지 합니다. 이는 마음을 강하게 또는 약하게 먹는데서 비롯된 것이니, 마음 밖에 무슨 일이 벌어지든 그것에 휘둘리거나 걸리지 말고 고통이 마음에 자리 잡지 않도록 해야 합니다.

분노나 번뇌와 싸울 때는 많은 고통, 고난, 역경이 따릅니다. 그렇더라도 마음을 조금도 흔들리지 않게 지혜롭고 굳건하게 평화롭게 잘 지켜야 합니다. 어떠한 고통에도 아랑곳하지 않고 분노라는 적을 무찔러 승리하는 사람이야말로 위대한 영웅〔대웅大雄〕입니다.

이에 비해 다른 세속의 영웅은 이미 죽은 시체를 죽이는 것에 불과합니다.

이와 같이 고통은 염리심을 생기게 하며 교만을 없애기도 하며 윤회하며 고통받는 중생에게 자비심을 일으키게 하고 악업이 되는 악행을 삼가고 선행을 하게 하는 좋은 공덕이 있습니다.

큰 고통을 주는 황달 등 병을 일으키는 병원균에는 분노하지 않으면서 어떻게 중생에게만 그토록 화를 냅니까? 그들 역시 다만 인연 따라 일어날 뿐인데 말입니다. 우리가 원치 않아도 인연 따라 질병이 생기는 것처럼, 분노와 번뇌도 우리가 원치 않아도 집요하게 우리를 계속 따라다닙니다.

굳이 화를 내려고 생각하지 않아도 대부분의 사람들은 너무나 쉽게 화를 냅니다. '화내야지'라는 마음을 먹지 않아도 분노는 그냥 저절로 일어납니다. 이 세상의 모든 허물과 범죄들은 인연에 따라 생기는 것이지, 아무런 이유 없이 독립적으로 생기는 것은 하나도 없습니다.

또한 이렇게 모인 인연들 역시 굳이 '고통을 주겠다'는 의지를 갖고 있는 것은 아닙니다. 화나 고통도 '이런 저런 인연들에 의해 생겼다'는 마음을 따로 가지고 있는 것도 아닙니다.

근본이 되는 물질원리인 원질(原質: Parkriti)과 정신원리인 참나(眞我: -Atman) 역시 '스스로 생기겠다'는 의지를 가져서 의도적으로 생기게 된 것은 아닙니다. 원질이 세상 그 어떤 것도 생기기(미생未生) 전부터 독립적으로 혼자 존재했다고 한다면 아무것도 없는 그때 도대체 무엇으로 원질이나 세상을 만들 수 있겠습니까?

참나 역시 영원하다면 어떤 것도 바뀌거나 사라질 수 없었을 것 입니다. 왜냐하면 참나가 영원하다면 그것은 허공처럼 아무것도 할 수 없기 때문입니다. 참나가 다른 바깥의 인연(외연外緣)들과 만난다고 해도 변하지 않는 영원한 것일 뿐인데 도대체 무엇을 어떻게 할 수 있겠습니까? 어떤 대상과 만나도 이전과 다름없이 변하지 않고 그대로라면 대체 무엇이 그것을 변하게 할 수 있겠습니까?

어떤 외연이 원질이나 진아에 작용해도 변하지 않는다면, '작용했다'는 원질과 진아라는 그 둘은 무엇이고 또 무슨 관계가 되나요?

모든 것은 서로 의지해 생깁니다. 아무것도 혼자서 독립적으로 존재하지는 못합니다.

이와 같이 모든 것은 환영에 불과하니 그것에 화내며 분노할 필요도 없어지게 됩니다. 어느 분은 모든 것이 환영에 불과하다면, 대체 무엇이 우리의 분노를 억제하고 없앨 수 있느냐며 모순이라고도 합니다.

그러나 모든 것은 연기에 따라 생멸하므로 고통의 원인을 없애면 고통이 지속되는 것을 막을 수 있습니다. 적이든 친구든 누구든 부적절한 행동을 저지르는 것을 보더라도 그것이 인연 따라 생긴 것임을 알아 미워하지 않고 연민하며 편하게 받아들이면 마음을 안정시킬 수 있습니다.

만일 원하는 대로 다 할 수만 있다면, 고통을 원하는 사람은 아무도 없으니 이 세상에 누구도 고통받지 않을 것입니다.

그런데 사람들은 조심성 없이 스스로 가시덩굴에 앉아 상처를 입거나 여인을 얻지 못했다고 단식斷食까지 하고 어리석은 행동까지 서슴지 않습니다.

어떤 이는 스스로 목을 매거나, 절벽에서 뛰어내리거나, 독약이나 해로운 음식을 먹는 등 박복한 행동으로 스스로를 해치기도 합니다.

이와 같이 번뇌에 사로잡혀 그토록 소중한 자신을 해치기도 하는데 하물며 남을 해치는 것 정도는 어려운 일도 아닙니다.

번뇌로 인해 이성을 잃어 자신을 해치는 사람들에게 자비심으로 돕지는 못할망정 화내는 것은 옳지 않습니다. 남들에게 해를 끼치는 것이 어리석은 자의 본성이라면 거기에 분노해서도 안 됩니다.

이는 다 태워버렸다고 해서 불을 탓하는 것과 같습니다.

중생의 성품은 본래 선합니다. 중생의 허물은 드물고 일시적이니, 중생에게 화를 내는 것은 마치 하늘에 구름이 꼈다고 하늘을 나무라는 것과 같습니다. 우리는 몽둥이에 맞았더라도 몽둥이가 아닌 때린 사람에게 화를 냅니다. 하지만 그 사람 역시 분노에 휘둘린 것이니 분노에게 화를 내는 것이 옳습니다.

제가 이걸 모르고 과거에 중생에게 해를 끼쳤습니다. 그러니 지금 그들이 제게 해를 끼치는 것은 당연한 일입니다. 적과 저의 몸, 이 두 가지 모두 고통의 원인입니다. 적이 몽둥이로 제 몸을 해친다면 제가 어느 쪽에 화를 내야 합니까? 욕망과 애착에 눈이 멀어 종기가 나면 건드리기만 해도 참을 수 없는 고통이 따르는 인간의 몸을 받았는데 해를 입으면 도대체 누구에게 화를 낸단 말입니까?

이와 같이 어리석은 사람은 고통을 원하지 않는다면서 실제로는 스스로가 아닌 다른 고통의 원인에만 집착합니다. 자신의 잘못으로 비롯된 해악이거늘 왜 남을 원망합니까? 비유하건대 지옥의 옥졸과 날카로운 칼로 된 숲은 모두 살아생전 자신의 업으로 만든 인과인데 왜 엄한 남에게 화내고 있습니까?

저를 해치는 이들은 제가 지은 업에 의해 그런 것일 따름입니다.

그런데 그들이 지옥으로 간다면 제가 그들을 해친 것이 아니겠습니까? 원수에게 인내하면 제 악업은 많이 정화되겠지만 저로 인해 그들은 기나긴 고통의 지옥으로 떨어지게 됩니다. 그러면 저는 그들에게 가해자가 되며 그들은 제게 은인이 됩니다.

그런데 어떻게 거꾸로 남 탓만을 합니까? 흉악한 스스로의 마음에 화를 내야 합니다. 만약 원수가 주는 고통에 인욕한다면 저는 스스로를 지켜 지옥에까지 가지는 않을 것입니다. 하지만 그들은 어떻게 보호받을 수 있겠습니까? 그런데도 그들에게 보복까지 한다면 그들은 구제받지도 못하고 제 선행마저 무너져 결국 인욕의 고행도 사라지게 될 것입니다.

마음은 형체가 안 보여서 그 누구도 그 무엇도 아무 때나 때려 부술 수가 없습니다. 정말로 형체가 있다고 하면 그에 대한 애착으로 일어난 고통이 결국 마음을 해칠 것입니다. 모욕과 멸시, 거친 욕, 거북하고 불쾌한 말들이 몸에 전혀 해를 끼치지 않는데도, 왜 그대의 마음은 그토록 화를 내고 있습니까?

남들이 아무리 미워해도 이생이든 다음 생에서든 저를 해치지 못하는데 '그냥 내가 싫은가 보네!'라고 하면서 아무렇지도 않게 받아들이면 될 것을 왜 굳이 그들을 미워하기까지 합니까?

재산을 얻는 데 방해가 된다고 참지 못하고 화를 낸다면 참으로 어리석은 일입니다. 왜냐하면 그렇게 얻은 재산은 언젠가 사라질 때조차도, 그때의 악업만은 언제까지나 계속 남아 있기 때문입니다.

차라리 오늘 당장 죽어도 좋으니 삿되게 오래 살지 않으려고 합니다. 왜냐하면 아무리 오래 산다 해도 결국 죽음의 고통에서 벗어날 수는 없기 때문입니다.

꿈속에서 백 년간의 행복을 누리든 찰나간의 행복을 누리든 깨어나면 무엇이 그리 다르겠습니까? 깨어나면 둘 다 꿈속의 행복을 다시 현실로 되돌릴 수는 없습니다. 장수하든 단명하든 죽음 앞에서는 다 꿈과 같이 덧없을 따름입니다.

많은 재산을 얻어 오랫동안 행복을 누린다고 해도 도둑맞은 것처럼 알몸에 빈손으로 가야 합니다. 먼저 재물을 모은 후에 악업을 없애는 복덕을 짓겠다고 하는 사람도 있습니다. 그런데 재물을 벌기 위해 화를 낸다면 복덕은 사라지고 오히려 악업만 늘어나지 않겠습니까?

무엇을 위해 우리가 이생에서 인간의 몸을 받고 살아가고 있습니까? 그런데 만일 그것을 잊고 오직 악업만 저지른다면 이렇게 한평생 살아본들 무슨 의미가 있겠습니까?

누군가가 나를 못마땅해 하는 험담에 화가 난다면, 스스로가 다른 사람을 험담할 때는 왜 똑같이 자신에게 화내지 않습니까? 또한 믿지 못하는 것은 그 사람의 몫이라고 하면서 불신을 잘 참고 살면서, 반대로 나에 대한 험담이 명백하게 자신의 악업으로 인해 비롯된 것을 알면서도 왜 참지를 못합니까?

불상과 불탑, 그리고 정법을 비방하고 훼손하는 사람이 있어도 부처님께는 전혀 해가 되지 않으니 굳이 미워하거나 화낼 필요가 없습니다. 스승, 가족과 친척, 친구나 친지에게 해를 끼치는 사람조차도 역시 이전의 악업으로 비롯된 것임을 알아 화내지 말아야 합니다.

인간의 몸을 가진 우리들은 마음이 있는 유정과 없는 무정 둘 다로부터 해를 입는데 왜 유정 중생에게만 화를 냅니까? 그러므로 해악을 당하더라도 인내해야 합니다. 어떤 이는 무지해서 죄를 짓고 어떤 이는 무지해서 화를 내니, 누구에게는 허물이 있고 누구에게는 허물이 없습니까?

다른 사람으로 하여금 나를 해하게 하는 그런 악업을 이전에 제가 왜 저질렀는지 후회가 됩니다. 앞으로의 모든 현상도 지금 짓는 업에 의할 것인데 우리는 왜 아직도 화를 내고만 있습니까?

이를 알았다면, 반드시 모두가 서로 의지하며 자애로운 마음을 가지고 오직 복덕을 쌓는 데만 마음을 써야 합니다.

예를 들어, 집을 태우던 불길이 다른 집으로 번질 수 있으니, 불이 나면 지푸라기와 같이 불길을 옮길 수 있는 것들을 먼저 치우는 것이 옳습니다. 마찬가지로 재물과 명예와 같은 그 무언가에 집착하여 분노의 불길이 번질 때에는 복덕의 보배까지 불에 타지 않도록 집착의 근원을 즉시 없애야 합니다.

사형선고를 받은 사람이 단지 살인을 한 손만 잘리는 것으로 죽음을 면할 수 있다면 얼마나 다행이겠습니까? 만약 인간계에서 겪는 고통만으로 지옥에 가서 받을 고통에서 벗어날 수 있다면 얼마나 다행이겠습니까? 지금의 이 고통 정도도 우리가 인내하지 못하면서, 지옥의 더 큰 고통을 어떻게 참으려고 그 원인이 되는 성냄은 왜 바로 버리지 않습니까?

욕심 때문에 불타는 지옥을 수천 번 경험하고도 저는 지금까지 제 자신을 위해서든 남을 위해서든 인욕을 행하지 않았습니다. 이런 인욕의 이타행에는 어떤 해도 없고 깨달음이라는 큰 이익도 이룰 수 있습니다. 그러므로 중생의 해악을 없애 주는 이생의 인욕의 고통 정도는 기꺼이 달게 받겠습니다.

다른 사람이 원수의 공덕을 찬탄하는 것을 보고는 기뻐하면서도, 그대는 왜 마음으로 원수의 공덕을 찬탄하며 함께 기뻐하지 못합니까? 그대가 기뻐한다면 이는 행복의 근원이지 죄악이 아닙니다. 공덕을 쌓은 성현들이 이미 증명하신 다른 사람을 모으고 인도하는 최고의 방편이기도 합니다.

다른 사람에게는 그렇게 하면 행복해진다고 말하면서도 그대 자신은 오히려 하고자 하지 않습니다. 이렇게 한다면, 마치 보시를 거절하는 것과 마찬가지로 이승과 저승에서도 행복하지 않게 될 것입니다.

누구나 자신의 덕을 칭찬할 때는 다른 사람도 함께 기뻐해 주기를 바랍니다. 그러면서도 누군가 다른 사람의 덕을 칭찬할 때는 자기는 그다지 즐거워하지 않는다면 이건 전혀 옳지 않습니다. 일체 중생의 행복을 위해 깨달으려 하면서도 중생이 스스로의 행복을 잘 구하고 있는데 기뻐해 주지는 못할망정 왜 시기하고 질투를 합니까?

모든 중생이 삼계三界의 귀의처인 부처가 되길 바란다면서, 그들이 받는 일상적인 평범하고도 작은 존경을 보고서도 어떻게 그렇게 불편해 합니까? 우리가 돌보고 베풀어야 할 중생들이 스스로의 생계를 잘 꾸려갈 수 있다면 당연히 좋아해야지 거꾸로 싫어해서야 되겠습니까?

중생이 행복해지는 것은 바라지 않으면서 그들이 깨닫기를 원한다고 말하는 것은 도대체 무엇입니까? 말도 안 됩니다. 다른 사람이 얻는 그 무언가를 보고 화를 낸다면 보리심은 도대체 어디에 버린 겁니까?

재물을 다른 사람에게 시주하든 우리에게 주지 않고 그냥 가지고 있든, 본디 우리 것이 아닌데 도대체 누구를 주든 말든 그게 우리와 무슨 상관이 있습니까?

복덕과 신심과 같은 자신의 공덕을 왜 굳이 차 버리려 합니까?

이와 같이 공덕의 씨앗조차도 못 지키고 버리면서 왜 그런 자신에게는 화를 내지 않는지 말해 보시기 바랍니다.

그대는 스스로 지은 죄악에 괴로워하지 않으면서도 다른 사람이 지은 복덕을 왜 질투하고 시기하려고만 합니까?

만일 그대가 미워하는 원수가 불행해진들 도대체 그게 당신에게 무슨 좋은 일이 될 수 있습니까? 그대의 저주만으로는 원수를 해치는 원인이 될 수는 없습니다. 설령 그대의 희망대로 원수에게 고통이 생겼다고 한들, 당신이 좋아할 이유는 대체 또 어디에 있습니까? 만약 통쾌하고 만족스러워 한다면 둘 다 파멸되는 것이니, 그보다 더 나쁜 것이 또 어디에 있겠습니까?

번뇌는 어부가 던진 낚싯바늘과 같아서, 안 걸리고 인내하기가 참으로 어렵습니다. 그 바늘을 물기만 하면 바로 지옥의 옥졸은 분명 당신을 열탕지옥의 가마솥에 집어넣고는 삶아버릴 것입니다.

칭찬을 듣고, 명성을 얻고, 권력을 누린다고 해도 실제로는 아무런 복덕이 되지 않습니다. 무병장수할 수 있는 것도 아니며 육신의 안락도 주지 못합니다.

진정으로 자신에게는 무엇이 이익이 되는지 뻔히 알면서도, 왜 전혀 이득이 안 되는 그런 일에 가치를 두려고 합니까? 다만 내가 즐거워지기 위해서라면 차라리 도박이나 술에 빠지는 것이 훨씬 더 낫습니다.

명예를 위해 재산을 탕진하고 영웅이란 이름을 얻기 위해 자기 자신까지 죽이니, 이 세상에서의 명성이 대체 무슨 소용이 있기에 그러는지 모르겠습니다. 죽고 나면 정말 누구에게 이득이 되는 일입니까?

모래성이 무너질 때 어린애들은 목 놓아 울곤 합니다. 칭찬과 명예가 사라질 때 우리 마음은 모래성이 무너질 때 우는 어린아이와 같아지는 듯합니다.

칭찬하는 소리 등은 그 자체로는 생명이나 마음이 없으니 그 소리가 우리를 칭찬하는 것은 아닙니다. 그럼에도 불구하고 다른 사람들이 우리를 좋아하고 우리를 잘 떠받들어 준다는 식의 그 알량한 '소리'만이 단지 내가 기뻐하는 이유가 되어서야 되겠습니까?

나든 남이든 할 것 없이 다른 사람이 우리를 좋아하는 것이 우리에게 무슨 이득이 있다고 그러십니까? 기쁨과 행복의 공덕 또는 그 씨앗은 칭찬하는 다른 사람의 몫이기에 우리가 거기서 얻을 것은 하나도 없습니다.

만일 다른 이의 행복에서 우리의 행복을 찾는다면, 원수를 포함한 모든 사람에게도 그와 똑같이 해야 합니다.

이와 같이 다른 사람의 기쁨이 행복이 된다면, 어떻게 그와 똑같이 따라서 기뻐하면서 행복해지려고 하지 않을 수 있겠습니까? 다른 사람이 자신을 칭찬한다고 해서 기뻐한다면 그것 또한 바람직하지 않은 그냥 유치한 행동일 뿐입니다.

다른 사람의 누군가에 대한 칭찬은 우리를 미혹케 하기도 하고 공덕이 있는 사람까지도 시기하게 합니다. 또한, 나에 대한 칭찬은 윤회에 대한 염리심을 사라지게 하며, 결국 모든 수승함도 사라지게 합니다. 그러므로 스스로가 칭찬 받는 것을 방해하려고 들고 일어나는 사람들이 있다면 거꾸로 제가 악도에 떨어지는 것을 막아주는 고마운 분들이 아니겠습니까?

저는 해탈에 뜻을 두었으니 재산과 명예 따위에 구속될 이유가 전혀 없습니다. 누군가가 이런 속박에서 저를 해방시켜 주려하는데 제가 어떻게 도리어 그에게 화를 내겠습니까?

부처님의 가피와 같이, 윤회 고통의 악도에 들어가려는 저를 악도에 빠지지 않게 문을 막고 서 있어 주는 그들에게 제가 왜 화를 내야겠습니까?

제가 공덕을 쌓는데 그들이 방해가 된다고 하더라도 화를 내는 것은 옳지 않습니다. 인욕만큼 수승한 고행이 없는데 제가 어떻게 인욕하지 않을 수 있습니까? 만일 제 잘못으로 인욕하지 못한다면 가까이 다가온 공덕을 쌓을 기회를 스스로가 차버리는 격이 될 것입니다.

연기법에 따라, 이것(원인)이 있어서 저것(결과)이 생기게 된 것이니, 이것이 사라지면 저것도 사라지게 됩니다. 이것(원수)이 있기에 저것(인욕)이 생기는 것인데 어떻게 원수를 장애로만 여기겠습니까?

보시를 받으려고 할 때 맞춰 나타난 걸인이 보시에 반드시 방해가 되는 것은 아닙니다. 출가를 방해하는 듯이 보이는 자들이 있다고 해도 실제로 출가하는 데는 아무런 장애가 되지 않습니다. 세상에 수많은 '거지'들이 있지만, 보시에 방해되는 자는 드물어 사실 인욕할 기회가 매우 적습니다.

내가 남을 해치지 않으면 그 누구도 나를 해치지 않습니다. 그러므로 큰 어려움 없이 집안에 있는 보물을 찾는 것처럼, 보리행에 도움이 되는 늘 가까이 있는 원수는 인욕을 통해서 저를 기쁘게 해 줄 것입니다.

원수를 통해서 제가 인욕을 성취했다면 인내의 결과를 원수에게 먼저 보답해야 합니다. 왜냐하면 원수가 인욕의 원인이기 때문입니다. 원수가 제게 인욕을 성취하게 하려는 의도가 없었기에 공양을 올릴 대상이 아니라고 한다면 깨달음의 씨앗이 되는 정법에는 왜 그렇게 많은 공양을 올리고 있습니까?

정말 원수는 우리를 해칠 의도가 있었으므로 절대로 공양을 올릴 대상이 아니라고 한다면, 환자들의 병을 고쳐주는 의사처럼 도움만 주려는 좋은 사람들에게서 어떻게 해야 제가 인욕을 배울 수 있겠습니까?

우리는 큰 분노에서만 인욕을 제대로 배울 수 있습니다. 원수가 없으면 인욕도 배울 수 없습니다. 그러므로 원수 역시 인욕을 하게 하는 그 씨앗이므로 정법과 똑같이 공양을 올릴 만합니다.

근본 스승이신 부처님께서는 중생의 마음〔중생심衆生心〕이 곧 부처의 마음〔불심佛心〕이라고 하셨습니다. 부처님께서는 중생을 기쁘게 함으로써 부처의 경지를 원만하게 성취하셨습니다. 중생과 부처가 불법을 성취하는 것은 같은데 부처님을 존경하듯이 중생들을 왜 존경하지 않습니까?

애초부터의 원인이 되는 의도의 공덕은 부처와 중생이 다를 수 있지만, 그 결과는 다 똑같습니다. 결과에 있어서 중생에게도 부처와 같은 공덕이 있으니 부처와 중생은 모두 동등합니다.

자애심으로 중생에게 공양을 하는 것이야말로 중생의 커다란 공덕이 됩니다. 부처님을 믿는 신심에서 생긴 복덕 역시 부처님이 되게 하는 커다란 공덕과 같습니다. 우리 모두 다 부처가 될 수 있으니 부처나 중생이나 같다고 할 수 있습니다. 그러나 엄밀하게 말하자면 공덕의 측면에서는 부처님의 공덕의 바다는 무량하여 중생과는 다릅니다.

만일 부처님 공덕의 한 부분만이라도 우리 주변의 누군가에게서 드러나 보이게 된다면 우리는 그를 공양하기 위해 삼계를 다 바쳐도 아마도 부족할 것입니다. 만일 부처님 수승한 불법 가운데 한 부분만이라도 우리 주변의 누군가가 전하고 있는 것을 알게 된다면 그것만으로도 그에게 공양을 올리는 것은 정말 당연한 일입니다.

사심 없이 진실하고 든든한 이웃사촌이 되어 주고 한량없는 도움을 주는 부처님께 중생을 기쁘게 하는 것 외에 다른 어떤 것으로 보답할 수 있겠습니까?

우리 중생 모두를 위해 자신을 희생하시고 무간지옥으로 들어가신 그 은혜에 보답하려면 비록 우리에게 큰 해를 끼쳤다고 해도 그 원수 같은 중생들을 오로지 돕는 그런 선행을 해야만 할 것입니다.

나의 근본 스승이신 부처님께서는 모든 중생을 위해 자신의 몸까지도 버리셨습니다. 그런데도 우리는 어떻게 어리석게 자만에 빠져 중생의 진실한 종이 되려고도 하지 않습니까?

중생이 행복하면 부처님께서 기뻐하시고 중생을 해치면 부처님께서 기뻐하지 않습니다. 중생을 기쁘게 하는 것이 곧 부처님을 기쁘게 하는 것이며, 중생을 해치는 것이 곧 부처님을 해치는 것입니다. 온몸이 불타고 있는 사람에게는 그 무엇을 주어도 아무 소용이 없습니다. 이와 같은 해를 중생에게 끼친다면 대자대비하신 부처님은 전혀 기뻐하지 않으실 겁니다.

그럼에도 불구하고 저는 지금까지 중생에게 해만 끼쳐 왔습니다. 이제 제 모든 악업을 하나하나 다 참회하오니, 부처님과 같은 중생의 마음을 상하게 한 저를 용서하여 주소서. 여래를 기쁘게 하기 위해 오늘부터 결단코 '이 세상의 종'이 되겠습니다. 수많은 중생이 저를 발로 차고 때리고 죽인다고 해도 보복하지 않고 다만 부처님을 기쁘게 하겠습니다.

대자대비하신 부처님께서 모든 중생의 본성을 보시고, 한 치의 의심 없이 당신 자신과 같이 대하시고 보호하시는데 제가 어떻게 중생들을 존경하지 않을 수 있겠습니까?

인욕 수행만이 여래를 기쁘게 하는 것이며, 자신의 바른 뜻을 다 성취하게 하는 것도 세상의 고통을 없애는 것도 이것입니다. 그러므로 저는 항상 인욕 수행을 하겠습니다.

예를 들어, 왕의 신하 몇몇이 수많은 백성을 괴롭힌다 해도 긴 안목을 가진 이라면 힘이 있어도 맞서 대항하지 않을 겁니다. 왜냐하면 사실 그들은 혼자서 해를 끼치고 있다고 하더라도 그 뒤에는 왕의 권력과 신하들이 호위하고 있기 때문입니다.

이런 것처럼 우리에게 사소한 해를 끼치는 하찮게 보이는 사람들이라도 함부로 대하지 말아야 합니다. 왜냐하면 중생을 괴롭히면 바로 지옥의 옥졸들이 따라 붙을 것입니다. 왜냐하면 중생들 뒤에는 대자대비하신 불보살님이 서 계시기 때문입니다.

흉폭한 백성이라도 왕을 조심조심 떠받들듯이 우리는 모든 중생을 그렇게 받들어야 합니다. 세속의 왕을 분노하게 해도 수많은 백성이 고통을 당하는데, 중생에게 해를 끼친 그 과보로 겪어야 할 고통은 지옥에서 받을 고통 정도를 대략 알 수 있습니다. 아무리 왕을 기쁘게 해도 작은 부귀밖에 못 얻지만, 중생을 이롭게 한 그 과보로 얻게 될 기쁨은 부처의 경지에도 견줄 수 있습니다.

미래에 부처가 되는 것은 제쳐 두고라도 중생을 기쁘게 해서 얻게 될 이생에서의 부귀와 명예, 그리고 행복을 어떻게 똑바로 보려고도 하지 않습니까? 육도 윤회하는 세계에서 우리가 제대로 인욕을 잘 수행하기만 한다면 그 인과로 인해 앞으로 아름다움과 명예와 무병장수 그리고 전륜성왕의 복락까지 모두 얻게 될 것입니다.

유쾌한 걸음(Seljalandsfoss)

07

열 심 히 정 진 하 라

인욕을 수행했으니 이제 정진 수행을 해야 할 차례가 되었습니다. 왜냐하면 오직 정진하는 가운데 깨달음을 이룰 수 있기 때문입니다. 바람이 없으면 움직임도 없습니다. 이와 같이 공덕이라는 복덕은 정진 없이는 생겨나지 않습니다.

정진이란 선행을 하기를 좋아하는 것입니다. 반대로 게으름과 나태로 악행에 빠지면, 스스로에게 실망하고 나아가 하찮게 만들 뿐입니다. 우리는 게을러 그냥 편안하게만 지내려고 합니다. 잠에 취해 계속 자면서도 윤회의 고통을 두려워하지 않아 염리심조차도 내지 않고 있습니다.

이와 같이 우리는 번뇌라는 그물과 생사의 올가미에 걸려 벌써 죽음의 문턱에까지 이르렀습니다. 그런데도 어떻게 하여 아직도 그걸 모르고 있습니까? 가족과 주변 사람들이 차례로 죽어나가고 있는데도 왜 여러분들은 그것을 바로 보고 깨닫지 못합니까?

그럼에도 불구하고 여전히 나태와 깊은 잠에 빠져 있는 그대는 마치 백정에게 붙들려 도살장 안으로 들어가면서도 아무것도 모르는 물소와 같습니다. 일단 도살장에 들어서면 도망갈 수 있는 모든 길은 막혀 있고 저승사자까지 노려보고 있습니다. 그런데도 어떻게 그대는 여전히 먹고 자는 것에만 빠져 있을 수 있습니까?

죽음은 예고 없이 갑자기 찾아옵니다. 죽음의 문턱에서 비로소 공덕을 쌓고자 게으름을 버린다고 한들 이미 때늦은 후회에 지나지 않을 텐데 대체 그때는 어떻게 하려고 이럽니까?

이 일은 아직 시작도 못했고, 그 일은 이제 겨우 시작했으며, 저 일은 아직 반도 못했습니다. 그런데도 느닷없이 저승사자가 찾아오면 '이젠 틀렸구나! 끝장이다'라는 생각에 눈앞이 캄캄해질 따름입니다. 절망하고 비통해하는 가족과 친족들의 눈에는 눈물이 흘러 뺨을 적시고 얼굴은 붓고 눈은 빨갛게 충혈됩니다.

저승사자를 보면 자신의 악업이 떠올라 괴로워지고, 지옥에서 들려오는 비명 소리는 점점 가까워집니다. 결국 겁에 질려 똥오줌을 싸서 몸도 더러워지고 정신도 혼미해질 텐데 대체 그때는 어떻게 하려고 이러고 있습니까?

잡힌 물고기가 두려움으로 퍼덕거리는 것처럼, 그대는 이생에서 두려움에 사로잡혀 발버둥치며 살았습니다. 그런데 이생에서 지은 악업으로 죽고 나면 참을 수 없는 지옥의 고통을 받게 될 텐데, 대체 그때는 어떻게 하려고 이러고 있습니까?

뜨거운 끓는 물에는 닿기만 해도 여린 살을 녹일 정도로 고통스러운 화상을 입습니다. 그런데 지금 그 고통의 불지옥에 갈 악업을 저질러 놓고도 어떻게 이렇게 태평하게 있을 수 있습니까?

우리는 정진하지 않으면서도 좋은 성취를 바라며, 인내도 부족해서 엄살만 피우면서도 해탈을 원합니다. 죽음의 문턱에 붙잡혀 있으면서도 영원히 살 수 있는 신이라도 된 양 태평하게 떵떵거리고 있으니, 어떻게 안타까운 일이 아니겠습니까?

지금 인간의 몸이라는 이 나룻배에 의지해야 거대한 고통의 강을 건너갈 수 있습니다. 이 배는 다음에 다시 얻기 힘드니 지금 어리석게 잠이나 자고 있을 때가 아닙니다.

무량한 행복의 근원인 정법正法을 내버려두고, 끝없는 고통의 원인인 산란과 들뜸〔도거掉擧〕에 현혹되어 있으면서도 그대는 어떻게 그렇게 좋아하고 있습니까? 얼른 게으름을 떨쳐버리고 지혜와 복덕의 공덕을 쌓고 계속 정진 수행해야 합니다. 나와 남에 대한 평등심을 기르기 위해 끊임없이 나와 남을 바꾸어 보는 수행도 해야 합니다.

'나 같은 사람이 어떻게 감히 깨달음을 얻겠습니까?'라며 지레 짐작으로 포기하고 게으름을 피워서는 안 됩니다. 진리만 말씀하신 여래께서는 누구나 가능하다고 말씀하셨기 때문입니다. 파리·모기·벌과 같은 미물조차도 역시 정진을 하다 보면 언젠가 얻기 어려운 위없는 바른 깨달음인 '무상정각無上正覺'을 이룰 수 있다고 합니다.

하물며 우리는 이렇게 사람으로 태어나서 이로운 선과 해로운 악을 분별할 수 있는데도, 정법과 보리행을 포기하지 않는다면 어떻게 깨달음을 얻지 못할 수 있겠습니까?

우리는 자신의 팔과 다리까지 보시해야 되는가 하고 매우 두려워 합니다. 그러나 그것은 지금의 고통과 지옥에서 맛볼 고통의 경중輕重을 헤아리지 못하는 데서 비롯됩니다. 여전히 우리는 뭘 언제 어떻게 보시해야 좋은지 잘 모르는 무명(무지라는 미혹)에 빠져 있습니다.

영겁의 세월 동안 셀 수도 없을 만큼 우리 몸은 수없이 잘리고 찔리고 태워지고 찢겨져 왔습니다. 그런 온갖 고통을 겪었지만 여태까지 아직 깨달음을 이루지 못했습니다. 우리가 바로 이 세상에서 깨달음을 성취하기 위해 치러야 할 고통은 그것에 비하면 아무것도 아닙니다.

이는 고통의 원인이 되는 곪은 부분을 제거하기 위해 몸에 칼을 대는 그런 고통에 비유할 수 있습니다. 의사들이 치료를 할 때는 이와 같이 작은 고통으로 큰 병을 고치기도 합니다. 따라서 수많은 끝없는 윤회의 고통을 없애기 위해서는 지금의 작은 아픔 정도는 참고 견딜 줄 알아야 합니다.

일반적인 의사들의 치료는 이와 같습니다. 하지만 최고의 의사, 즉 의왕인 부처님은 달라도 많이 달라서 아주 편안하게 고통을 주지 않고도 수많은 중병을 치료합니다.

처음에는 채소 같은 음식 등 작은 것들을 보시하며 예비 수행을 했던 부처님께서는 차츰 보시에 익숙해진 뒤에는 자신의 몸까지 보시할 수 있음을 보여 주셨습니다. 언젠가 내 몸도 채소처럼 여길 수 있는 마음의 지혜가 성숙해지면, 그때 우리가 몸을 보시한다고 해서 뭐 그리 어렵겠습니까?

보살처럼 우리도 모든 사물을 거꾸로 보고 헛된 꿈을 꾸는 전도몽상顚倒夢想과 악업을 멀리하면 육체적인 고통이 없어지고 공성의 지혜를 체득하여 슬픔이나 싫음 등 부정적인 느낌으로 걸리는 정신적인 고통도 없어집니다.

이와 같이 복덕을 지으면 몸이 안락해지고 지혜를 갖추면 마음이 행복해집니다.

이미 안락과 행복을 얻은 자비로운 보살들이 중생들을 위해 윤회의 세계에 머무르는데 무슨 슬픔과 고통이 있겠습니까? 보리심의 힘은 이전의 악업을 다 정화시켜 사라지게 하고 거꾸로 바다와 같은 복덕이 모이게 합니다. 까닭에 보살이 소승의 아라한인 성문聲聞들보다 수승하다고 할 수 있습니다.

이와 같이 우리는 모든 슬픔, 절망, 피로와 고통을 없애주는 보리심이라는 마차를 타고 작은 행복에서 또 다른 차원이 다른 커다란 행복을 향해 달려가야 합니다. 이를 제대로 안다면 그 누군들 어떻게 쉽게 선행을 포기하고 거꾸로 게으를 수 있겠습니까?

중생의 정진에 도움이 되게 하는 네 가지 힘은 신심〔열망〕, 견고한 자신감, 환희심, 그리고 버림〔내려놓음〕에서 생겨납니다. 그리고 이 신심 등의 네 가지 힘은 윤회의 고통에 대한 두려움을 일으키고 한편으로 해탈과 열반의 이익이 되는 선행을 아는 데서 더욱 증장됩니다.

그러므로 정진에 반하는 모든 것들을 버리고 극복하고, 신심, 견고한 자신감, 환희심, 그리고 버림〔내려놓음〕 등의 네 가지 힘을 갖추고자 스스로 부지런히 행하고 정진력을 기르기 위해 더욱 노력해야 합니다.

저는 제 자신과 남들을 위해서 수많은 악업의 허물을 전부 정화시켜 없애기로 했습니다. 그러나 단 하나의 허물까지도 다 없어질 때까지는 영겁의 바다가 다하는 날까지 수많은 시간이 걸릴 수 있습니다. 그런데도 게으름 때문에 허물을 없애려고 애쓴다고 말하면서도 실제로 하나도 하지 않고 있습니다. 그렇다면, 여전히 끝없는 고통 속에 머무르게 될 텐데 어떻게 제 심장이 터질 듯이 아프지 않을 수 있겠습니까?

저는 제 자신과 남들을 위해 수많은 선행의 공덕을 다 쌓기로 했습니다. 그러나 단 하나의 작은 공덕이라도 쌓기 위해서는 영겁의 바다가 다하는 날까지 수많은 시간이 걸릴 수도 있습니다. 그런데도 지금까지 저는 수많은 선행의 공덕은 바라지도 못하고 티끌만한 공덕조차도 제대로 쌓지 못했습니다.

그렇다면, 우연히 얻게 된 이 귀한 인간의 몸〔인생〕을 헛되게 낭비하며 보내고 있는 셈인데, 이보다 큰 비극이 또 어디에 있겠습니까?

저 스스로는 부처님께 공양도 제대로 올리지 못했고 향응의 잔치를 베풀어 큰 기쁨을 드리지도 못했습니다. 부처님의 가르침에 대한 실천도 제대로 하지 못했고 가난한 이들의 소원도 제대로 들어주지 못했습니다. 걱정하는 이에게 두려움을 없애주지도 못했고 불행한 이에게 행복도 주지 못했습니다. 그런데도 저는 인간의 몸을 받아 살고 있으니, 단지 어머니께 산고産苦의 고통을 주기 위해 자궁〔모태〕에 들어간 셈이 됩니다.

　전생에서도 정법에 대한 열망을 멀리하여 결국 오늘날 가난과 궁핍 속에 묻혀 살고 있습니다. 이미 이러한 이유를 제대로 알게 되었다면서 어떻게 지금 정법에 대한 신심〔열망〕을 버릴 수 있겠습니까?

　부처님께서 모든 선행의 근본은 바로 열망이라고 말씀하셨습니다. 그리고 열망의 근본은 늘 선업과 악업이 원인이 되었지만 선도 아니고 불선도 아닌 법〔무기無記〕의 결과를 낳는다는 이른바 인연법(인과응보)의 이숙과異熟果를 명상하는 것입니다.

　지금 모든 몸의 육체적인 고통이나 마음의 정신적인 불안 등 온갖 두려움이나 원하고 바라던 것들과 헤어져 멀어지는 것은 악업을 지어서 생긴 것들입니다. 마음으로 선업을 짓고자 생각하고 실천한다면 언제 어디를 가더라도 명예와 존경 등 복덕의 과보가 실제로 함께 따라와 반드시 보답을 받게 됩니다.

　그러나 악업을 짓고 악행을 하는 이는 언제 어디를 가더라도 행복을 원하지만, 여기저기서 닥쳐오는 죄악의 과보로 인하여 고통이라는 칼에 완전히 무너지게 됩니다.

　부처님의 빛을 받아 피어난 연꽃에서 탄생한 이들은 수승하고도 원만한 몸을 지니며 부처님의 정토세계에 머물며 부처의 미묘한 음성을 양식 삼아 위엄을 갖추게 될 수 있는 것은 모두 선업이 변한 결과입니다.

　반면에 여러 겁에 걸쳐 저승사자가 피부 껍질을 모조리 벗겨내 너무나 비참해지고, 매우 뜨겁게 타오르는 불로 녹여낸 구리물을 몸에 부어대며, 불타는 칼과 창으로 찔러서 살은 백 갈래로 찢어지고 뜨겁게 달궈진 철판과 같은 땅에 떨어지는 등의 고통을 당하는 것은 모두 악업이 변한 것입니다. 그러므로 우리는 선업을 열망하고 경외감을 가지고 열심히 수행해야 합니다.

　이제 다음으로 『화엄경』의 「금강당보살품」에 설해진 예식 방법에 따라 닦고 익히면서 확고한 자신감을 가질 수 있도록 수행해야 합니다.

　먼저 우리는 무엇을 해야 할 것인지를 고찰하고 분석해서 그것을 할 것인지 하지 않을 것인지를 잘 알아야 합니다. 불가능한 것은 시작하지 않는 것이 최선입니다. 그러나 일단 시작했다면 포기하지 말고 계속해야 합니다. 하던 일을 포기하고 중단하면 이런 일이 습관이 되어 버립니다. 그래서 다음 생에 그로 인해 악업과 고통은 늘어만 가게 됩니다. 결국 다른 선행을 못하게 되거나, 다른 과보를 받을 때가 되어도 무언가 조금 부족하게 되어 변변치 않은 열매〔결과〕만을 맺게 되기 때문입니다.

　이제 업·번뇌·능력의 세 가지에 대해 우리는 자신감을 길러야 합니다. 즉 '나 혼자서도 해내겠다!'는 업에 대한 자신감을 길러야 합니다. 번뇌로 인해 힘이 다 빠진 이 세간의 중생들은 남을 위한 선행은 물론이고, 자기 뜻과 일을 성취할 자신이 없어 못합니다. 따라서 우리들이 몸소 그들을 위해서 자신감을 기르게 해야 합니다.

다른 이들은 하찮아 보이는 작은 일이라도 열심히 하고 있습니다. 그런데도 제가 어떻게 한가하게 그냥 앉아서 놀고만 있을 수 있겠습니까? 내가 할 만한 것이 아니라는 자만 때문에 손 놓고 방관하고 있다면 먼저 그런 '자만'을 버리는 것이 최선입니다.

죽어가는 뱀을 보면 까마귀도 자신이 가루라[금시조金翅鳥]라도 된 양 마구 공격합니다. 만일 자기 스스로가 자신감이 사라져 무력해지면 하찮은 잘못이나 허물에도 스스로를 괴롭혀 해를 입게 됩니다. 의기소침하여 노력하는 것조차 포기하면, 어렵고 부족한 상황에서 어떻게 벗어날 수 있겠습니까? 그러나 우리가 자신감을 갖고 정진하면 악업으로 생기는 큰 장애도 극복하여 방해가 되지 않을 것입니다.

따라서 마음을 굳건히 하여 확고부동하게 우리는 모든 장애를 극복해야 합니다. 만일 우리가 장애도 극복하지 못하면서 삼계三界의 조복을 받아 해탈하고자 한다면, 그런 자신감은 모두의 웃음거리만 될 뿐입니다.

우리는 스스로 모든 것을 통제해야 하며 거꾸로 그 무엇으로부터도 통제받아서는 안 됩니다. 위대한 승리자인 부처님의 제자답게 우리는 바로 여기에 자신감을 갖고 당당하게 머물러야 합니다.

중생들은 모두 자만으로 무너지니 번뇌에 대해 자만이 있을 뿐 진정한 자신감은 없기 때문입니다. 진정한 자신감에 찬 사람은 번뇌라는 적의 힘에 굴복하지도 않으며, 자만의 적 역시 잘 다스립니다.

번뇌에 대한 자만으로 가득 찬 사람들은 결국 그로 인해 지옥 등의 삼악도로 끌려가서, 인간의 몸을 받는 잔치 자체를 없애 버리게 됩니다. 설사 인간으로 다시 태어나게 된다고 하더라도 남의 밥을 얻어먹는 종이 됩니다.

혹은 좀 모자란 바보나 나약한 겁쟁이나 추한 사람이 되어 어디를 가나 모두에게 멸시를 받습니다. 그런데도 자만으로 가득 찬 고행자가 있다면, 누가 이보다 더 불쌍한지 한번 말해 보시기 바랍니다.

누구든 자만이라는 적을 물리칠 수 있다는 자신감에 찬 사람은 승리자이며 영웅이라고 할 수 있습니다. 누구든 자만이라는 적이 생겨나는 것을 제압할 수만 있다면 중생이 바라는 행복과 부처의 과를 원만히 다 이루게 됩니다.

여우의 무리에 둘러싸인 사자처럼 우리는 수많은 번뇌 가운데 머물게 되더라도 어떤 방법을 써서라도 굴하지 않고 견뎌 이겨낼 수 있습니다.

신체에 해가 되는 어떤 위급한 상황이 닥쳐오면, 사람들은 먼저 스스로의 눈을 잘 보호하려고 합니다. 이와 마찬가지로 번뇌로 인해서 위험한 상황에 처해지면, 번뇌에 쉽게 당하지 않도록 마음을 잘 지켜야 합니다.

차라리 불에 타 죽거나 목이 잘리고 머리가 부서지더라도 좋으니 온갖 번뇌라는 적에게는 결코 굴복하지 않아야 합니다. 아울러 일체의 모든 상황에서도 이치에 맞지 않는 일은 절대로 하지 않을 것입니다.

우리들은 행복을 얻기 위해 즐거운 놀이도 하고 다른 행동도 하며 계속 업을 짓습니다. 하지만 그렇게 한다고 해서 반드시 행복하게 될지 안 될지는 확실하지 않습니다.

그러나 보살은 어떤 일을 하든지 간에 묵묵히 남을 위한 일에 대한 열정을 가지고, 전혀 싫증내지 않고 즐겁게 정진하며 노력할 따름입니다. 이런 보살이 하는 불법 수행의 결과로서 선업은 모두 행복으로 이어지는데 그 선업을 짓지 않고 어떻게 행복해질 수 있겠습니까?

욕망은 예리한 칼날에 묻은 꿀을 탐하는 것과 같습니다. 어차

피 다 채울 수가 없으며 그러기에 진정한 행복도 주지 못합니다. 그러나 선행과 수행은 뭔지 정확히 알기는 어렵지만 좋은 과보로서 어쩌면 영원한 행복으로 다가올 수 있습니다.

여름 한낮의 더위에 지친 코끼리가 시원한 강을 만나 물속으로 풍덩 뛰어듭니다. 이와 같이 번뇌의 불길에 지친 우리는 보살과 같이 그렇게 선행과 수행에 뛰어들고 또 뛰어들어야 합니다. 힘이 빠지면 다시 계속하기 위해 잠시 멈추고 쉬어야 합니다.

이와 같이 수행을 잘 마쳤다면 다음 수행을 위해 일단 손을 떼고 내버려두어야 합니다.

전쟁터에서 노련한 전사는 적의 칼끝을 잘 피합니다. 이와 같이 우리는 번뇌의 칼을 조심해서 잘 피하며 번뇌라는 적들을 잘 물리쳐서 극복해야 합니다.

전쟁터에서 싸우는 도중에 칼을 놓쳐 떨어뜨리면 적에게 당할까 봐 두려움에 황급히 칼을 다시 집어 듭니다. 이와 같이 한 순간이라도 번뇌 앞에서 마음 깊이 새기며 언제까지나 잊지 않겠다고 했던 억념憶念의 칼을 놓쳐버리지 않으려면, 지옥의 고통에 대한 두려움을 기억하며 속히 잘 챙겨야 합니다.

독이 일단 몸 안에 들어오면 피의 순환에 따라 순식간에 온몸으로 퍼져 나갑니다.

이와 같이 번뇌라는 적은 기회만 잡았다 하면 죄악을 온 마음에 퍼뜨립니다.

칼을 움켜쥔 병사가 한 방울이라도 흘리면 바로 죽이겠다고 위협하면, 바로 그 앞에서 겨자기름이 가득한 항아리를 옮기는 사람들은 매우 조심할 것입니다.

이와 같이 수행자도 집중해서 억념해야 합니다.

우리는 뱀이 무릎으로 기어오르려고 하면 깜짝 놀라 재빨리 일어섭니다. 이와 같이 졸음과 게으름이 슬그머니 찾아오면 바로 그 순간에 우리는 이것들을 물리쳐야 합니다.

번뇌로 인해서 잘못을 할 때마다 바로 하나하나씩 챙기며 스스로를 호되게 꾸짖어야 합니다. 앞으로 무슨 일이 있어도 이러한 일이 다시는 없도록 하겠다고 몇 번이나 다짐하고 오랫동안 생각해야 합니다.

이와 같이 언제 어디서나 어떠한 상황에서도 억념을 익히려고 다짐하며 이 인연으로 선지식을 만나 나와 남들이 고통받지 않게 보호하며 부처님의 법을 여법하고 성실하게 수행해야 합니다.

어떠한 수행을 하든지 간에 제대로 할 수 있는지 미리미리 사전에 모든 것에 대한 준비를 해둬야 합니다. 늘 불방일不放逸의 가르침을 기억하여 스스로의 몸과 마음이 모두 기꺼이 저절로

하게 해야 합니다.

 무명 솜털은 바람에 따라 이리저리 유연하게 잘 움직입니다.
이와 같이 우리도 항상 기쁨의 정진력에 따라 어디에 있든 모두
다 성취하게 될 것입니다.

스치는 인연(Jökulsárlón)

08

선정을 잘 닦아라

정진을 한 다음에는 마음이 삼매에 편안하게 머무는 선정禪
定을 닦아야 합니다. 그렇지 않고 계속해서 마음이 산란하게 되
면 번뇌의 먹잇감이 되기 때문입니다. 몸과 마음을 고요히 가라
앉히면 더 이상 어떤 산란도 일어나지 않습니다. 그렇게 되면
결국 세속을 떠나 망상과 분별심을 완전히 버리게 될 수 있습
니다.

하지만, 우리들은 재물에 대한 탐욕과 집착 등의 욕망으로 세
속의 삶을 쉽게 버리지 못합니다. 따라서 이 속세의 모든 것을
완전히 포기하기 위해서는 다음과 같이 지혜롭게 행해야 할 필
요가 있습니다.

먼저, 완벽한 마음의 안정인 지(止: Sāmatha)를 갖추고 그로 인
해 얻는 통찰인 관(觀: Vipassyana)으로 번뇌를 다스려 완전히 끊

어야 합니다. 그러기 위해서는 기꺼이 환희심을 가지고 세속에 대한 집착을 없애며, 마음의 안정을 찾아야 합니다.

지금 우리 앞에 존재하는 사랑하는 임을 포함하는 모든 것은 다 덧없이 사라지는 무상한 것들입니다. 그런데도 애착을 가지고 있으면 뭐하겠습니까? 수천 번 다시 태어난다고 해도 어쩌면 꿈속에서조차도 그리던 임을 다시는 보지 못할 것입니다. 임을 다시 볼 수 없으니 마음은 고통으로 불행하여 선정에 들어가지도 못합니다. 설사 임을 보게 되더라도 그것만으로는 만족하지 못하고 다시 더 보고 싶은 애착으로 인해 괴로워서 선정을 전혀 얻지 못할 것입니다.

이와 같이 중생에 대한 애착을 갖게 되면 마음의 바른 성품인 공성空性은 모두 가려지게 됩니다. 윤회에 대한 염리심厭離心 또한 사라져 온통 임을 그리는 슬픔에 빠져 고통스러울 뿐입니다. 그렇게 오직 임만을 그리는 생각에만 폭 빠져 이 귀중한 생을 덧없이 헛되게 보내게 됩니다. 결국 덧없는 무상한 사람들(가족, 친지, 친구나 친척들) 때문에 영원한 해탈을 주는 정법까지도 잃게 되는 셈입니다.

이와 같이 어리석은 사람처럼 행동하거나 이런 이들과 인연으로 엮이면 반드시 악도에 떨어지게 됩니다. 서로 인연이 다른데 이런 어리석은 이들에게 끌려다니거나 함께해서 도대체 앞으로 어쩌시려는 겁니까?

어리석은 범부凡夫들은 한순간에 친구가 되기도 하고 잠깐 사이에 원수가 되기도 합니다. 남들이 다 기쁘고 즐거운 상황에서 버럭 화를 내기도 하니 이런 세속의 어리석은 중생들을 만족시키는 것은 참으로 어렵습니다.

어리석고 평범한 사람은 선한 충고나 조언을 들어도 도리어 화를 내고, 우리까지 따르지 못하게 하여 점점 이로움에서 멀어지게 합니다. 만약 자신의 말을 듣지 않고 선행을 하기라도 하면 버럭 화를 내니 결국 악취에 떨어지게 될 뿐입니다.

자기보다 뛰어나면 질투하고, 비슷하면 경쟁하며, 부족하면 자만합니다. 칭찬을 들으면 우쭐대며 거만해지고, 듣기 싫은 말을 들으면 화를 내고 적대시하니, 이런 어리석은 바보들에게 대체 어떤 이로움이 있겠습니까?

만약 이런 어리석은 이들과 가까이 함께 지내면 스스로에게는 자화자찬하게 되고 남들에게는 욕과 비방을 일삼게 되며, 세속의 쾌락에 대한 이야기만 하며 온갖 선하지 않은 일들만 하게 될 것입니다.

결국 어리석은 이와 함께하면, 둘 다 망할 따름입니다. 그도 나를 이롭게 하지 못하고 나 또한 그에게 전혀 도움이 되지 않기 때문입니다. 그러므로 어리석은 이와는 멀리 떨어져 지내야 합니다. 우연히 만나도 의례적으로 반갑게는 대하지만 절대 가까이 다가가 친근하게 사귀지 말고 그냥 적당한 거리를 유지해야 합니다.

벌이 꽃에서 꿀을 모으고 떠나서 집으로 돌아오듯이 정법 수행에 도움이 되는 이로운 것만 취해서 돌아와야 합니다. 누가 됐든 예전에 한 번도 만난 적이 없었던 것처럼 가까이 하지 말고 미련 없이 헤어져서 홀로 돌아와야 하는 법입니다.

'나는 가진 돈과 재물도 많고 존경을 받고 명예도 있어 많은 사람들에게 사랑받고 있습니다.'는 자만에 빠져 있는 사람이라도 죽음이 다가오면 두려움과 공포가 생길 것입니다. 누구라도 미혹해진 어리석은 마음으로 아무 것이나 탐하고 애착하여 쾌락을 구한다면 그것은 각각 천 갈래 만 갈래로 얽히고설키어 오히려 천 배 만 배의 고통이 되어 돌아올 것입니다.

그러므로 지혜로운 사람은 쾌락 등에 집착하지 않으니 집착에서 위태로움과 어려움이 생기기 때문입니다. 집착으로 인해 본래 자성自性은 사라지니 이것을 확고하고 분명하게 알아둬야 합니다. 부자도 많고 유명인도 많습니다. 하지만, 결국 죽으면 재물과 명성과 함께 그가 지금 어디로 사라졌는지 도무지 알 수가 없습니다.

나를 비방하는 이들도 있을 텐데 칭찬을 좀 받았다고 뭐가 그리 좋으십니까? 거꾸로 나를 칭찬하는 이들도 있을 텐데 비방을 받는다고 뭐가 그리 불만이고 화가 납니까?

중생의 서로 다른 여러 바람(서원誓願)을 부처님께서도 다 만족시켜 주지 못하십니다. 저처럼 무지하고 부족한 이에게 말한다고 한들 제가 무엇을 할 수 있겠습니까? 그러므로 세간에 대한 생각이나 바람을 버려야 합니다.

사람들은 재물이 없는 중생은 비난하고 재산이 많으면 경멸합니다. 본래부터 고통과 함께 사는 사람들에게서 어떻게 기쁨이 생길 수 있겠습니까? 이런 어리석은 사람들은 자기에게 이익이 되지 않으면 좋아하지 않기에 "어리석은 이와는 누구라도 친구가 되어서는 안 된다."고 여래께서도 말씀하셨습니다.

숲 속에 사는 들짐승과 새와 나무들은 좋든 싫든 비난이나 경멸을 하지 않습니다. 또 듣기 좋으라고 칭찬의 말도 하지 않습니다.

친하게 친구로 지내면 안락과 행복을 주는 그들과 제가 언제 함께 살 수 있겠습니까?

바위 동굴이나 텅 빈 절간 그리고 숲속 큰 나무 밑동의 텅 빈 공간 등에 머물러 살며, 그 무엇에도 집착하지 않기 위해서 결코 뒤도 돌아보지 않고 나아갈 수 있겠습니까?

주인 없는 대지의 탁 트인 넓게 열린 공간 속에서 언제 우리는 자유자재로 행동하며 집을 버리고 시간을 보낼 수 있겠습니까?

발우鉢盂 하나만을 들고, 그리고 도둑조차도 원치 않을 정도의 해진 옷을 걸치고도 거리낌이 없고, 몸을 가리지 않고 다녀도 부끄러워하지 않고 살 수 있는 그런 날은 언제 오겠습니까?

시체가 버려진 곳에 가서 사람들의 해골이 썩어 없어져가는 모습을 보며 우리 몸도 결국 아무것도 남지 않게 될 것이라는 '평등'을 언제 알고 또 깨우칠 수 있겠습니까?

우리 몸도 썩으면 그 썩은 냄새가 진동하기 때문에 지독한 냄새를 풍기는 여우조차도 곁에 가까이 오지 않을 정도로 부패하게 될 날이 다가오고 있습니다.

하나의 몸을 받아 태어났지만, 이 몸 안에 있던 각각의 뼈와 살이 결국 산산이 흩어지고 마는데, 친구나 다른 애인이 있다고 한들 무엇을 할 수 있겠습니까?

사람은 태어날 때도 혼자이지만 죽을 때도 혼자입니다. 다른 그 누구도 우리의 그런 고통을 분담할 수 없습니다. 그런데 심지어 선행에 방해가 되는 애인이나 친구가 있다고 한들 무슨 도움이 되겠습니까?

여행을 떠나는 나그네가 도중에 머물러 쉴 곳을 찾듯이, 이와 같이 윤회세계에서 전생하는 우리들도 다시 태어날 곳을 언제나 찾아 헤매고 있습니다. 세상 모두가 슬퍼하는 가운데 숨을 거두고 나서, 네 명의 사람이 시체가 든 관을 메고 가기 전에 먼저 숲으로 가야 할 것입니다.

거기에 가면, 친구도 원수도 비방도 칭찬도 여의고 나만 홀로 조용히 고요하게 머무르게 됩니다. 이미 죽은 사람처럼 여겨져도 하물며 죽어도 슬퍼할 이가 아무도 없게 됩니다. 함께 살았던 그 어느 누구도 슬퍼하거나 괴로워하지 않기에 거꾸로 부처님에 대한 억념憶念을 누구도 방해하지 못하게 됩니다.

그러므로 마음의 괴로움을 일으키지 않고 기쁨을 일으키며, 번뇌와 산란을 모두 가라앉히는 숲속에서의 맑고 밝은 고독을 항상 구해야 합니다. 다른 생각들은 모두 다 여의고, 스스로 오직 한마음으로 고요히 가라앉히고 선정에 들고, 또한 마음과 몸을 고르게 하여 모든 악당들을 고르게 굴복〔조복調伏〕시키기 위해 우리는 애써야 합니다.

이 세상에서든 저 세상에서든 애욕은 큰 불행을 일으킵니다. 이 세상에서 구속하고 자르고 죽이니, 내세에는 반드시 지옥에 가게 합니다.

예전에는 성매매 업소를 운영하는 포주들에게 수없이 예쁘고 젊은 여자를 소개해 달라며 부탁을 하여, 악업이 되든가 말든가, 나쁜 평판이나 심지어 비방을 들어도 개의치 않고 성욕을 충족하기 위해서 별의별 나쁜 짓도 두려워하지 않아 스스로를 위험에 빠뜨렸습니다. 모든 재산을 탕진하면서까지 원하는 여자를 껴안는 최고의 환락을 경험하려고 했습니다.

그러나 해골이 되면 아무것도 아닌 것에 불과합니다. 포주도 죽으면 권리가 없어져서 성매매를 하는 여자 역시 자유를 얻게 됩니다. 그런데도 (죽은) 그대들은 왜 애무하고 껴안고 더 환락을 즐길 수 없게 되었습니까?

여자들도 처음에는 애써 옷을 벗기려 잡아끌면 부끄러워서 아래로 고개를 떨구고 천으로 얼굴을 가리고 있었습니다. 그토록 매혹적이던 얼굴이 죽고 나니, 이제 위를 향하고 누워 민낯을 그대로 다 드러냈습니다. 독수리와 짐승들이 시체를 먹기 위해 해어진 옷을 뜯어내고 온몸을 다 보여주고 있는데도 지금은 왜 보지도 않고 거꾸로 도망치려고만 합니까?

다른 이들이 눈길만 보내도 질투하여 못 보게 하며 온전히 지키려 하지 않았습니까? 그런데 그대는 이제는 왜 지키려고도 하지 않습니까?

이 고깃덩어리를 보고 독수리 등이 먹으려고 찾아올 게 뻔한데도, 이들의 먹잇감에 뭐하러 꽃다발과 귀하고 값비싼 전단향梅檀香의 장식을 합니까? 해골은 움직이지도 못하는데도 그대는 왜 두려워합니까?

그런데도 여색女色을 밝히는 귀신인 색귀色鬼에 의해 빙의되어 색욕色欲을 부리는 자신은 왜 두려워하지 않습니까? 무언가에 가려졌을 때는 그토록 집착하다가 이제 완전히 벗겨졌는데도 왜 원하지도 않습니까? 더 이상 원하지 않는다면 왜 가려졌을 때는 그토록 안으려 했습니까?

음식을 먹기에 사람들은 대소변을 누어야 하고 입속에 침도 생깁니다. 그런데 애인의 대소변은 싫어하면서도 왜 그리 침〔타액唾液〕은 원하다 못해 밝히기까지 합니까??

감촉이 부드러운 솜이불은 악취가 나지 않는데도 여자보다 그다지 좋아하지 않는 것은 불결한 욕망에 미혹되었기 때문입니다. 그러면서도 어떻게 불결한 창녀에게만 미혹될 수 있단 말입니까?

애욕에 미혹된 그대여! 이불 감촉이 부드럽고 좋아도 잠자기가 불편하다며 괜히 이불에게만 화풀이를 하는구나! 여자는 단지 뼈와 힘줄을 함께 엮고 그 위에 살을 흙처럼 매끈하게 바른 것일 뿐인데 그대는 왜 무릎에 앉히고 껴안고 있습니까? 몸 안에 대소변 같은 불결한 것이 많아도 그대는 여자를 항상 애무하는 것도 모자라서, 또 다른 불결한 몸뚱이마저도 부정하게 또 탐하고 있습니까? 어서 불결한 여자를 잊고 떠나시기 바랍니다.

"나는 이런 부드러운 살이 좋아!"라고 말하면서 보고 싶어하고 만지고 싶어합니다. 그런데 본래의 상태로 돌아간 의식이 없는 시체는 왜 탐하지 않고 먼발치에서 바라보고 있습니까? 탐하는 것이 무엇이든 간에 그 마음은 만지거나 보거나 할 수 있는 것이 아닙니다. 보거나 느낄 수 있는 것이 시체와 같은 몸뿐인데 그것은 의식이 없는데도 왜 그토록 허무하게도 안으려고 애씁니까?

다른 이의 몸에 있는 불결한 본성을 잘 모르는 것은 크게 놀라거나 이상한 일은 아닙니다. 그러나 자신의 몸이 불결하다는 것을 잘 모른다고 하는 것은 무척 놀라운 일입니다.

구름이 걷히고 햇빛이 비추자 살며시 예쁘게 꽃잎을 열며 피어난 연꽃은 쳐다보지도 않으면서, 왜 불결한 것을 탐하는 마음에 사로잡혀, 더러운 진흙으로 만든 대롱과 같은 여자의 몸은 왜 그리도 탐닉합니까? 대소변으로 더러워진 것은 만지고 싶지 않으면서 그런 오물이 나오는 몸뚱이는 왜 그리도 만지고 싶어 합니까?

만일 불결한 것에 애착이 없다면 더러운 여자의 자궁에서 다른 남자의 정자로 생겨난 다른 사람을 그대는 왜 그리도 껴안으려 합니까?

불결한 곳에서 생긴 작고 더러운 구더기는 좋아하지 않으면서, 똑같이 더러움 속에서 생겨나 불결한 가죽 포대를 두른 것에 지나지 않은 여자의 몸은 탐하고 있습니다. 이는 자신의 불결함을 싫어하지 않을 뿐만 아니라 더러운 가죽 포대를 두른 듯한 다른 여자의 몸의 불결함마저 탐닉하여 원하고 있는 셈입니다.

매우 귀한 약과 잘 지은 밥이나 반찬도 역시 입에 넣었다 뱉으면 땅을 더럽히고 지저분하게 합니다. 이런 더러운 것을 실제로 보고도 여전히 의심이 든다면 공동묘지에 널려 있는 시체에서 다른 죽은 사람들의 불결함도 보아야 할 것입니다.

이렇게 몸의 가죽은 벗겨지고 뼈만 앙상하게 남은 것을 보면 크게 두렵지 않습니까? 그걸 알고서도 어떻게 다시 여자의 몸을 탐닉할 수 있습니까?

몸에 바른 향도 전단향일 뿐, 자신의 몸에서 나온 것도 아닌 별개의 것입니다. 향만 발랐을 뿐인데 몸뚱이에 왜 그렇게 집착합니까?

본래 냄새가 고약하니, 이에 집착하지 않을 수 있어 좋지 않습니까?

그대들은 부질없이 애착하여 왜 계속해서 굳이 몸에 향수를 바르려 합니까? 몸의 향기가 아니라 전단향이 그렇게 좋다면 전단향을 찾을 것이지, 왜 그리 전단향도 아닌 몸뚱이에 집착합니까?

감지 않고 씻지 않은 긴 머리카락과 손발톱의 때, 그리고 누런 이에서 나는 악취들이 본래 가득 배어 있어 몸뚱이야말로 정말로 더럽습니다. 굳이 애써 몸뚱이를 가꾸려는 것은 나중에 자신을 해칠 수도 있는 칼을 굳이 가는 것과 같습니다.

그런데도 스스로 미혹되어 치장하는 데만 미쳐서 골몰하니 제정신이 아닙니다.

해골만 봐도 시체가 묻혀 있는 공동묘지는 매우 싫어하면서, 치장된 걸 알면서도 살아 움직이는 해골은 왜 그리 좋아합니까?

이와 같이 불결한 것이라도 비싼 대가 없이 공짜로는 얻을 수가 없습니다. 이생에서 이것을 얻으려다 지쳐서 쓰러지면 결국 저승에서는 지옥의 고통만 가득하게 됩니다.

젊어서는 재산이 없어서 여자를 살 돈이 없으니 어떻게 행복할 수 있겠습니까? 늙어서는 재물이 많아도 여자를 품을 수 없으니 욕정이 일어난들 무슨 소용이 있습니까?

어떤 이는 욕정에 절어서 하루 종일 일하느라 모든 진을 빼고 집으로 돌아오면 지쳐 쓰러져 시체처럼 잠에 빠집니다.

어떤 이는 역마살이 뻗쳐 고통스럽게 타향살이를 하며 애인이 그리워도 한 해가 다 지나가도록 한 번도 보지 못합니다.

이와 같이 욕정만 채우려는 어리석은 욕심에 자신마저 팔지

만년의 엄습(Jökulsárlón과 Fjallsárlón의 사이)

만, 목적도 이루지 못하고 부질없이 남에게 휘둘려 끌려다니며 일생을 헛되이 보냅니다.

누구는 결국 자기 몸을 팔아 자유도 없이 남 밑에서 노예로 삽니다.

그 아내마저 아이가 생기면 외진 곳의 나무 아래서 아이를 낳습니다.

탐욕에 속는 어리석은 이들은 잘 살겠다면서 돈을 벌기 위해 목숨을 거는 전쟁터에 뛰어들어, 작은 욕망 때문에 노예보다 못한 존재가 됩니다.

탐욕에 눈이 멀어 강도가 되면 어떤 이는 몸이 잘리고 어떤 이는 말뚝에 박히고 어떤 이는 창검에 꽂히고 어떤 이는 불태워집니다.

아무리 재산을 모으고 지키려고 애써도, 끝내 다 소멸되니, 결국 모든 고통의 근원인 재물에 집착하여 끌려다니는 어리석은 사람들은 끝없는 윤회의 고통에서 벗어날 수가 없습니다.

탐욕에 물든 이들은 손해만 크고 이익은 적습니다. 수레를 끄는 소가 단지 얼마 안 되는 여물만 겨우 얻어먹는 것과 같습니다. 짐승들도 쉽게 얻는 아주 작은 것 하나 겨우 얻으려고, 다시는 얻기도 힘든 인간의 몸 받는 것을 잊어버린 채, 탐욕의 고통에 휘둘려 소중한 생을 또 낭비하게 됩니다.

탐욕은 끝내 무너져 사라지며 결국 죽으면 지옥으로 떨어지게 됩니다. 큰 일이 아닌데도 욕정을 채우자고 인생을 다 바쳐 지치고 끊임없이 고통스럽게 힘든 일만 하며 살고 있습니다.

이것의 천만 분의 일 정도만 관심을 가지고 노력해도 부처를 이룰진대, 탐욕의 행은 보리행에 비해 고통만 크지 깨달음은 전혀 없습니다.

탐욕의 결과로 받을 지옥의 고통은 무기武器, 독과 불, 그리고 천 길 낭떠러지를 비롯해서 적들이 주는 고통과도 비교가 안 됩니다.

이와 같이 탐욕을 혐오하고 멀리하려는 염리심厭離心을 내어 고요한 곳을 기꺼이 찾아 다툼이나 번뇌가 전혀 없는 적멸의 숲 속에서 홀로 수행해야 합니다. 상서로운 달빛을 머금고 상쾌한 전단향이 스며드는 넓은 바위〔반석磐石〕 위라도 궁전처럼 넓게 여기면 됩니다.

고요한 숲에서 산들바람을 맞으며 중생들을 이롭게 할 생각에 행복하게 이리저리 소요해야 합니다. 빈집이나 나무 아래 또는 동굴 안 어디든지 원하는 곳에 원하는 만큼 머물며, 가진 것을 지키려는 고통의 원인인 집착을 버리고, 아무 걱정 없이 한가로이 지내야 합니다.

자유로이 노닐며 집착이 없어 누구에게도 얽매이지 않고, 만족하며 행복을 누리는 삶은 하느님인 제석천帝釋天도 얻기 어려워 부러워할 것입니다.

이와 같이 여러 방법으로 고요하게 홀로 선정에 드는 곳인 적정처寂靜處의 공덕을 생각해 보면서, 이제 가까이하던 분별심과 집착을 놓고 보리심을 수행해야 합니다.

우선, 나와 남이 같다는 평등심을 먼저 애써 명상하며 닦아야 합니다. 우리는 모두 행복을 원하고 고통은 싫어한다는 점에서 모두 똑같기에 일체중생을 마치 나와 한 몸인 것처럼 여기며 다 함께 지켜줘야 합니다.

몸에는 손과 발 이외에도 여러 부분이 있지만 모두가 온전히 지켜야 할 한 몸입니다. 이처럼 이 세상에 있는 다른 중생이라도 자타라는 구별을 떠나 일체중생 모두를 보호해서 다 행복해지길 원해야 합니다. 비록 내가 겪는 고통이 남을 고통스럽게는 하지 않는다고 하더라도, 남도 모두 나처럼 '자기 자신'에 대한 집착을 갖고 있기 때문에 마찬가지로 똑같은 고통을 겪고 있습니다.

남들의 고통이 나를 고통스럽게는 하지 않더라도 그것 역시 집착으로부터 오는 나의 고통과 같은 것이기에 참고 견디기가 어렵습니다. 그러기에 우리는 남의 고통도 없애야 합니다. 바로 남의 고통이 우리의 고통과 같기 때문입니다. 남을 이롭게 도와 행복하게 해야 하니, 우리 모두 똑같은 사람이기에 그렇습니다.

언제든지 나와 남 모두 다 행복을 원하는 것은 똑같은데, 나와 남이 무엇이 그렇게 다르다고 왜 나 혼자만 행복해지려고 애를 씁니까?

언제든지 나와 남 모두 다 고통을 원하지 않는 것은 똑같은데, 나와 남이 무엇이 그렇게 다르다고 왜 나 혼자만 굳이 고통으로부터 지키려고 합니까?

만일 남이 고통스러워하는데도 나에게 해가 없다고 보살피지 않으면서도 아직 오지도 않은 미래의 고통도 지금은 전혀 해가 없는데 왜 그것으로부터 지키려고 합니까?

내가 미래에 고통을 겪을 것이라는 생각은 현재의 나와 미래의 내가 똑같다는 전도망상에서 비롯된 것입니다. 앞으로 죽을 사람도 다시 태어날 사람도 지금의 나와는 똑같지 않습니다. 언제 어떠한 고통이 닥쳐도 그것으로부터 자신만을 지키려고 합니다.

발의 고통은 손이 겪는 고통이 아닌데 어떻게 발의 고통을 손이 대신하여 지킬 수가 있겠습니까? 이런 잘못된 모습은 '나'에 대한 잘못된 집착 때문에 일어난 것입니다. 나와 남의 구별 자체도 불합리한 이런 분별은 할 수 있는 한 최선을 다해 깨뜨려야 합니다.

세상을 구성하는 색色·수受·상想·행行·식識의 오온五蘊이 서로 연속된다고 하거나, 하나의 몸은 부분들이 모여 집합한 것이라고 하는데 이는 실체가 없는 가상의 이야기일 따름입니다. 군대 행렬과 같이 부분들이 하나로 모이거나 흩어지긴 하지만, 실제로는 하나의 실체가 아니어서, 언제든지 사라질 수 있는 허망한 것일 따름입니다.

이와 같이 고통이라는 것도 실체가 없는데 정말 이 고통이 누구의 것이라고 단정할 수 있단 말입니까?

고통은 고통일 뿐으로, 누구의 것이라고 할 수 없다면, 우리 모두의 것으로 다르지 않습니다. 고통이라서 없애야 한다면 여기서 자타를 분명히 분별하는 것이 무슨 소용이 있겠습니까? 왜 모든 이의 고통을 없애야 하는 논쟁의 여지가 있을 수 없는 문제입니다. 만일 없애야 한다면 나와 남을 구별하지 말고 다 없애야 합니다. 그렇지 않으면 나 역시 남과 같이 고통을 받을 것이기 때문입니다.

자비심에도 많은 고통이 따르는데 왜 굳이 일으켜야 하느냐고 묻곤 합니다. 중생의 고통을 헤아려보면 어떻게 자비심의 고통이 더 크고 많다고 할 수 있겠습니까? 만일 단 하나의 고통만으로 많은 고통을 대신하거나 없앨 수 있다면 자비심과 연민을 품은 이는 기꺼이 감수하여 나는 물론 남에게도 고통이 생기지 않게 합니다.

그래서 『월등삼매경月燈三昧經』에서 선화월보살善花月菩薩은 용건득왕勇乾得王이 해를 끼칠 줄 알면서도 자신의 고통을 피하지 않고 더 많은 사람들의 고통을 면하게 했습니다.[*]

이와 같이 서로 인연으로 이어지는 마음을 바로 관하는 보살은 남이 고통받고 있으면 자신도 똑같이 고통스럽게 여기며, 마치 연꽃 연못에 잠수하는 백조처럼 무간지옥이라도 잠수해 들어갑니다.

일체중생이 해탈하면 세상이 무한한 기쁨의 바다가 될 것이니, 그것만으로도 충분하기 때문입니다.

그럼에도 불구하고 왜 자신만의 해탈을 구합니까?

남들의 행복을 위해 일할수록 교만해지거나 잘난 척하지 말아야 합니다. 다만 좋아서 남을 위하는 것일 뿐이니 이외 다른 더 많은 것들을 바라서는 안 됩니다. 아무리 사소한 일에도 조

---

[*] 용건득왕勇乾得王은 설법하는 선화월보살을 시기하여 죽였습니다. 왕은 7일이 지난 뒤에도 시신의 모습이 조금도 변하지 않은 것을 보고 깊이 참회하고 화장하여 탑을 세웠습니다. 하지만 죄업의 과보로 아비지옥에 떨어졌습니다. 지옥에서도 깨달음을 얻기 위해 고통을 참으며 수행을 계속했던 그가 바로 석가모니의 전신前身 가운데 하나라는 설화입니다

금이라도 불쾌하면 자기 자신부터 지키는 것처럼 자비심도 그렇게 바로 내서 남들을 지킬 수 있도록 해야 합니다.

지금까지 해오던 습관으로 인해, 자기 몸에서 흘린 피 한 방울조차도 '나'라고 인식합니다. 원래 이런 몸의 일부는 실제로는 이미 '내'가 아님에도 불구하고 '나'라고 인식합니다.

그렇다면 왜 남의 몸도 자기라고는 여기지도 못합니까? 정작 나의 몸도 내가 아닌 남이라고 여기는 것은 어렵지 않습니다.

이와 같이 나에게 허물이 있고 남에게 바다와 같이 넓고 깊은 공덕이 있음을 바로 알고, 자신에 집착하는 성품을 모두 버리며, 남을 받아들이는 연습을 해야 합니다.

손과 발은 몸의 일부로 인정하고 아끼면서 같은 몸을 가진 중생들은 왜 내 삶의 한 부분으로 소중히 여기려고 하지 않습니까? 이와 같이 '나'라고 할 만한 것이 없는 이 몸에 익숙해져서 '나'라고 하는 의식이 생기듯이, 마찬가지로 남에게 익숙해지면서도 왜 또한 (남도) '나'이기도 하다는 것은 전혀 인식하려고 하지 않습니까?

남을 위해 일해도 잘난 척하거나 자랑하지도 않아야 합니다. 나를 위해 밥을 먹듯이, 나 자신을 위해 한 것에 불과하니 아무 대가도 바라지 않아야 하는 것이 당연합니다. 그러므로 사소한 고통에 대한 걱정으로부터 자기 자신을 지키려고 하듯이 일체

중생도 자비심으로 돌보도록 습이 되도록 닦아야 합니다.

　구원자 관세음보살께서는 대자대비하신 마음으로 윤회하는 중생의 두려움을 없애기 위하여 당신의 이름에도 가피를 내리셨습니다.

　그 어떤 시련이 와도 겁을 내서 돌아서서 결국 중지해서는 안 됩니다. 어떤 일을 하든 처음에는 생소하고 낯설고 힘들고 두려워도, 익숙해지면 공포도 환희로 바뀌기도 합니다. 한때 별로였던 사람도 자꾸 보다가, 갑자기 사라지면 보고 싶어지듯이 말입니다. 누구든지 나와 남 모두를 빨리 구하고자 한다면 '나와 남 바꾸기'라는 최고로 거룩한 비밀 수행〔로종(Lojong): 티베트 마음 수련법〕을 해야 합니다.

　우리는 몸에 집착하여 작은 위험에도 두려워합니다. 이렇게 공포를 야기하고 두려움을 일으키게 하는 이 몸에 대한 집착을 우리는 원수처럼 두려워해야 합니다. 굶주림·갈증·질병을 모면하거나 치료하기 위해 새나 물고기나 짐승을 잡으려고 다니는 길목에 몰래 숨어서 기다립니다.

　어떤 이는 자신의 이익과 명예를 지키기 위해 부모까지 죽이거나 삼보의 공양물을 훔치기도 합니다. 결국 그런 인과로 인하여 불타는 무간지옥에 떨어집니다.

　지혜로운 사람이라면 이 몸에 집착하지 않을 것이며, 원수처럼 보거나 경멸하여 무시하지 않을 것입니다.

'만약 남에게 이것을 주면 나는 무엇을 먹어야 하나!'라고 생각하는 사람이 있다면 이는 결국 자기만 생각하는 굶주린 귀신인 아귀가 됩니다. '만약 내가 이것을 먹으면 남에게는 무엇을 주지?'라고 생각하는 사람은 결국 남의 이익을 생각하는 천왕天王이 됩니다.

자기를 위해 남을 괴롭히면 이 사람은 지옥에서 고통을 맛볼 것입니다. 그러나 남을 위해 자신을 희생하면 결국 모든 일을 원만하게 성취할 것입니다.

자기를 사람들 위로 높이려고 하면 지옥 같은 악취에 태어나거나 미천하고 어리석은 바보로 태어나게 됩니다. 그러나 남을 높이고 존중하면 천상이나 인간 같은 선취에 태어나거나 명예가 드높은 현명한 사람으로 태어나게 됩니다. 자기를 위해 남을 부리면 언젠가 종이 될 것이며, 남을 위해 스스로가 일하면 언젠가 군주의 지위를 누리게 될 것입니다.

세상의 행복은 남의 행복을 위하는 데서 옵니다. 세상의 고통은 자기만 행복을 원해서 오는 것입니다. 많은 말이 무슨 필요가 있겠습니까? 어리석은 사람은 자기만을 위해 일하고 부처는 남을 위해 일합니다. 이 두 가지의 차이를 잘 알아야 합니다.

나의 행복과 남의 고통을 실제로 바꾸지 않으면 부처를 이룰 수도 없으며, 아무리 윤회전생을 해도 행복을 얻을 수 없습니다. 다음 생은 고사하고 하인은 일하지 않으며 주인은 품삯을 주지 않으니 이생에서도 뜻을 이루지 못합니다. 남들을 귀하게 여기지 않는다면 금생이든 내세든 행복을 모두 놓치게 됩니다. 거꾸로 남에게 고통을 준 인과로 인하여 어리석게도 참기 힘든 고통만 받게 될 것입니다.

이 세상의 모든 손해와 두려움과 고통은 모두 '나'라는 집착에서 생기는데, 이런 집착이 도대체 우리에게 왜 필요합니까? 나를 온전히 버리지 않으면 그런 고통도 버릴 수 없습니다. 이는 불을 버리지 않으면 화상을 면할 수 없는 것과도 같은 이치입니다. 따라서 나의 해로움을 줄이고 남의 고통을 가라앉히기 위해 내 자신을 남에게 내줘야 하고 남들을 나처럼 귀하게 대해야 합니다.

이제부터라도 나는 남보다 아래에 있다는 것을 마음으로 분명히 알아야 합니다. 모든 중생의 이익을 위하는 것 외에는 이제 다른 것은 생각하지도 말아야 합니다. 이제 눈이나 다른 그 무엇도 자기만의 이익을 이루려는 데 써서는 안 되며, 중생의 이익에 반하는 데 쓰는 것도 옳지 않습니다.

그러므로 늘 중생을 중심에 두고 나의 몸에 가지고 있는 무엇이든 다 가지고 이웃들을 이롭게 하는 데 써야 합니다. 나보다 낮은 이도 나처럼 위하고, 나를 남처럼 대해야 합니다. 이렇게 자타 분별이 없는 마음으로 시기·경쟁·자만을 다스려야 합니다.

그는 존경받지만 나는 멸시를 받으며, 그는 재물이 있으나 나는 가난합니다. 그는 칭찬받지만 나는 비난을 당하며, 그는 행복하지만 나는 불행합니다. 나는 일이 많으나 그는 편안하게 쉬고 있으며, 그는 세상에 명성이 자자하지만 나는 미천하고 덕이 없습니다. 이는 제게 공덕이 없는 탓이니 어떻게 하랴. 나의 모든 공덕을 다해도 어떤 이보다는 못하지만 어떤 이보다는 내가 낫기도 합니다.

계율을 깨뜨리거나 견해가 지혜롭지 못한 것은 번뇌의 힘이지 의지가 아닙니다. 까닭에 어떻게 해서든 최선을 다해 치료해야 하며, 아무리 고통스러워도 기꺼이 치료를 받아들여야 합니다. 그는 날 보살피지도 않으면서 도대체 어떻게 하여 나를 경시하고 업신여기고 싶습니까? 나를 위하지 않는다면 제게 그의 공덕은 무슨 의미가 있으며 또 무슨 소용이 있습니까?

거꾸로 중생들이 맹수의 입과 같은 악도의 문턱에 서 있는데도 그들을 위한 연민이 없으며, 나아가 자만하여 스스로가 공덕이 있다고 추켜세우며 지혜로운 이들을 깎아내리며 경쟁하려고 합니다.

동등한 이들과 비교해서 무엇이든 내가 우월해야 하기에 재물과 명예를 모두 다 걸고라도 싸워서 반드시 이기려 합니다.

어떻게 해서든지 나의 공덕은 세상에 다 드러내려고 하며, 남이 가진 공덕은 누구도 알지 못하게 합니다. 자기의 허물은 절대로 비밀이니 감추고, 나는 공양을 받아도 그는 아니며, 나는 지금 재산을 잘 모으고 존경 받아도 그는 아니어야 합니다.

그의 옳지 않은 일로 인해서 모든 중생들이 비웃으며 심한 욕설을 퍼붓는 것을 오랫동안 즐겁게 바라봅니다. 번뇌에 찌든 그가 감히 나와 경쟁하려 든다고 해도 어떻게 나의 배움이나 지혜나 혈통이나 재물을 대적할 수 있겠습니까? 중생 누구나 나의 공덕을 들어 알고 있다면, 그제서야 털끝이 서는 듯한 전율을 느끼며 만족하여 행복해합니다.

그에게 많은 재물이 있어도 내 일을 시키며 그에게는 생계비만 챙겨주고 나머지는 내가 강제로 그가 행복에서 멀어지도록 나는 늘 위해를 가할 것입니다. 우리는 그렇게 수백 번도 넘게 더 윤회하며 서로 고통을 겪었습니다. 마음으로 자기 이익만을 탐하다 세월만 무수하게 흘러가 버립니다. 너무나 애를 썼지만 큰 고통만을 얻었습니다.

이제라도 중생의 이익을 위해 최선을 다할 것이며, 부처님 말씀은 틀림이 없으니 이 공덕은 나중에 꼭 보게 될 것입니다. 만일 그대가 예전부터 이런 선업〔이타행利他行〕을 지어 왔더라면 부처의 원만한 성취는 아니더라도 형편이 지금처럼 되지는 않았을 것입니다. 이와 같이 남들의 피 한 방울까지도 보살들께서 자기 자신처럼 여겼던 것처럼 그렇게 중생들을 마치 '나'처럼 생각해야 합니다.

스스로를 살펴서 남을 위해 일하고 있는지 확인해야 합니다. 자기 몸에 있는 어떤 것이든 다 가져가 남들을 이롭게 하는 데 써야 합니다. 나는 행복해도 남은 불행하며 나는 고귀해도 남은 천하며 나는 도움을 받고 남은 버려진다고 해도 왜 자기 스스로를 부끄러워하지는 않습니까?

내 행복은 남에게 주고 남의 고통도 내가 받아야 합니다. 늘 '이것은 누구를 위해 하는지'라며 스스로를 살피며 바로 허물을 알아차려야 합니다.

남이 잘못 했어도 내 자신의 허물로 받아들이고 제게 작은 잘못만 있어도 여러분들에게 밝혀야 합니다. 남의 명성은 널리 칭찬하고 나의 명성은 조용히 감추며 나는 미천한 종처럼 여겨 모두를 위해 일해야 합니다. 본래 허물을 많이 가졌다고 생각하며, 공덕이 조금 있어도 칭찬하지 말고 공덕이 있더라도 누구도 알지 못하게 해야 합니다.

자신의 이익을 위해 남에게 해를 끼친 해악이 정말로 큽니다.

앞으로 중생의 이익을 위하고자 하오니 그 해악을 남이 아닌 제가 받도록 기원해야 합니다.

독선에 빠져서 거만하게 목에 힘주며 군림하지 말고, 새 신부처럼 수줍어하고 조심스러워하며 늘 자제해야 합니다. 이처럼 행하는 데 머물러야 하며, 그 외의 악행은 하지 말아야 합니다.

이와 같이 대응하며 다스려야 하며 혹시 선을 넘게 되면 바로 대처해야 합니다. 권고한 대로 하지 않는다면 모든 벌을 다 줘서라도 번뇌의 원인인 자신을 끊어버려야 합니다.

언제 어디서든 괴롭힐 수 있었던 예전과는 달리, 지금 정체를 알아차리고 지켜보고 있는데 이제 어디로 도망가려고 합니까? 이제 모든 오만함을 다 부숴버려야 합니다.

이제 자신만을 위해 일한다는 생각은 모두 버려야 합니다. 이미 남에게 팔려진 몸과 다름없으니 불평하거나 상심하지 말고 잘 받들어 모시며 봉사해야 합니다. 만일 방일하여 중생을 위하지 않는다면 저 무서운 지옥의 사자에게 던져질 것이 분명합니다.

과거에도 수없이 던져져서 오랫동안 고생을 겪었습니다. 여전히 원한으로 가득 차 있으니 이제 이기심을 부셔버려야 합니다.

스스로 행복하고 싶다면 자신만이 행복해서는 안 되고 남들부터 행복하게 만들어야 합니다. 마찬가지로 스스로를 지키고 싶다면 다른 이들을 늘 보호해야만 합니다. 몸이라는 것은 잘 돌보면 돌볼수록 더욱 엄살을 부리게 됩니다. 이처럼 더러운 욕망은 그 무엇으로도 채울 수가 없으니 앞으로 어떻게 충족시킬 수 있겠습니까?

욕망은 충족될 수 없어도 계속 원하기에 번뇌와 불만이 생깁니다. 하지만 그 어떤 것에도 관심을 갖지 않는다면 빠짐없이 골고루 갖추게 됩니다. 그러므로 몸이 원하는 것을 채우도록 그런 틈을 줘서는 안 됩니다.

마음을 빼앗아가는 그 어떤 것에도 집착하지 않는 사람이야말로 바로 최고의 재산인 만족과 행복을 얻을 수 있습니다.

죽으면 몸은 불결하게 썩으며 결국 한 줌의 재가 되며, 스스로 움직이지도 못하고 다른 사람들에 의해 옮겨질 텐데 왜 그토록 그 몸뚱이를 '나'라고 집착합니까? 살았건 죽었건 간에 이 몸뚱이에 집착한들 대체 무슨 소용이 있습니까?

결국 죽은 몸은 흙덩어리와 다름없는데 아직도 내 몸이라고 스스로를 높여서 잘난 체하고, 남을 업신여기고 싶습니까? 이 몸의 욕망을 보살피느라 쓸데없는 고통만 겪었는데, 나무처럼 불타버리는 이 몸에 집착하거나 화를 낸들 또 무슨 소용이 있겠습니까?

공들여 수습하든 독수리의 먹이가 되게 하든 시체 자체는 애착하거나 분노할 게 없는데, 왜 그토록 몸뚱이에는 집착했습니까? 아무리 멸시해도 화를 낼 수조차 없고 누군가 칭찬해 줘도 알 수도 없게 됐는데 왜 우리는 그토록 애를 쓰며 아꼈던 것입니까?

누군가 자신의 몸을 애착했던 이유가 자신을 위해서 한 것이라고 한다면, 모든 중생들을 위하는 것이 자신에게 더 유익한데 어째서 중생들의 몸은 소중하게 돌보지 않습니까?

그러므로 '나'라는 집착을 버리고 중생을 위해 온몸을 바쳐야 합니다. 몸에 허물이 많더라도 중생들을 위해 일을 하는 동안은 우리의 몸도 잘 돌보아야 합니다.

어리석은 행동은 지금까지 한 것으로도 충분하니 이제 그만두고 지혜로운 보살들의 길을 따라서 불방일不放逸하라는 말씀을 온몸에 새기며 잠과 혼침昏沈에서 벗어나야 합니다. 이 두 가지를 다 정복하신 대자비심을 지니신 보살처럼, 온갖 어려움을 극복할 때까지 인내해야 합니다. 밤낮으로 끊임없이 노력하지 않으면 고통은 언제까지나 계속될 것입니다.

그러므로 이 두 가지 장애를 없애기 위해서는 늘 스스로 선정에 들어가되, 혹시라도 잘못되면 바로 벗어나 다시 마음을 바로 잡고 올바른 선정의 대상에 집중하여야 합니다.

봉황의 품위(Djúpalónssandur Beach)

09

지혜를 성취하라

모든 수행의 방편들은 석가모니께서 공성의 지혜를 얻기 위
해 설하신 것입니다. 모든 고통을 소멸시키려면 먼저 지혜를 일
으켜야 합니다. 숨겨진 한정적이고 세속적인 진리[속제俗諦]와
지고한 의미를 가진 궁극적인 진리[진제眞諦]라고 하는 두 가지
의 진리[이제二諦]가 있습니다. 진제는 분별[인식]의 대상을 초월
한 것이며, 속제는 분별되는 진리를 말합니다.

  이에 세상을 국토[비중생] 세간과 유정 중생들의 세속 세간의
두가지 유형으로 구분할 수 있습니다. 그중 세속 세간은 국토
세간에 의해 논파될 수 있습니다. 요가행자들 중에서도 지혜가
더 뛰어난 사람들이 낮은 차원을 논파하곤 하는데, 그 역시도
양쪽 모두 다 인정하는 사례에 한할 따름입니다.

  세간 세속 사람들은 사물을 보고 마치 실재하는 바른 성품인

양 분별하고 허깨비〔환幻〕와는 다른 것이라며 요기〔yogi: 요가 수행자〕와 논쟁합니다. 그러나 물질色이 직접 지각〔현량現量〕이 가능한 것이라고 해도 보편적으로 인식되는 것은 아닙니다. 그렇게 하면 더러운 것을 깨끗하다고 주장하는 것과 같은 상대성의 오류를 범할 수 있기 때문입니다.

실제〔진여眞如〕는 무상할 따름이지만, 부처님께서는 세간 사람들을 이해시키기 위하여 사물이 있는 것처럼 설하신 것입니다

요기들은 착오가 덜하기에 세간에서 의지하는 현상의 본성自性 자체를 꿰뚫어 볼 수 있습니다.

모든 것이 무상하므로 여인이 영원히 아름답지 않으며 불결하지만, 이런 본성을 있는 그대로 다 말한다면 세간은 이를 따지고 들려고 할 것입니다.

"눈에 보이지 않는 허깨비와 같은 부처에게 공양을 올리는데 어떻게 공덕이 생깁니까? 만일 유정이 허깨비 같은 것이라면 죽고 나서 어떻게 윤회전생해서 다시 태어날 수가 있습니까?" 라고 묻기도 합니다.

하지만 인연들이 모여 있는 한, 허깨비도 역시 생겨날 수 있습니다. 그렇다고 해도 아무리 단지 오랫동안 지속된다고 해서 어떻게 하면 진실로 실재한다고 할 수 있습니까?

허깨비를 죽여도 허깨비에는 마음이 없기 때문에 죄가 안 됨

니다. 그러나 허깨비를 믿는 마음이 있으면 그에 따른 선〔공덕功德〕과 악〔죄과罪過〕이 생겨납니다. 주술이나 진언으로는 마음을 만들 힘이 없기 때문에 허깨비를 믿는 마음이 생겨날 수 없습니다. 허깨비는 다양한 연緣으로 생겨난 것이기에 허깨비도 역시 다양한 성질을 지니게 됩니다.

'진제는 열반이며 윤회는 속제'라면 부처도 역시 윤회한다고 말하곤 합니다. 그럼 누가 무엇을 하러 부처가 되기 위한 보리행을 힘들게 하려고 하겠습니까?

계속되는 연緣들의 흐름을 끊지 못한다면 허깨비도 사라지지 않습니다. 연緣들의 흐름을 끊을 수만 있다면 세속도 역시 다시 생겨나지 않을 것입니다. 만일 착각할 만한 그 무언가가 존재하지 않는다면 아무것도 없는 것이 되는데 어떻게 허깨비를 알아볼 수 있겠습니까?

허깨비와 같은 성질이 없다면 볼 수 있는 게 아무것도 없는데 무엇이 보인다는 말입니까? 하지만 만일 뭔가가 있다고 한다면 그것은 다름이 아닌 심성心性입니다.

이와 같이 심성이 허깨비와 같다면 그때는 무엇이 무엇을 본다는 말입니까? 세간의 보호자인 부처님께서도 역시 "마음으로는 마음을 볼 수 없다."고 말씀하셨습니다. 칼이 스스로를 벨 수 없는 것처럼 마음도 마음을 볼 수가 없습니다.

등불은 스스로를 빛내는 것이니 따라서 마음도 스스로를 볼 수 있다고도 합니다. 하지만, 등불은 스스로를 빛낸 것이 아니라 어둠이 덮지 않았기 때문에 빛날 수 있었던 것입니다.

"블루 사파이어와 같은 보석의 파랑은 다른 것에 의존하여 파란 것이 아니지 않는가?"라고 묻는 이도 있습니다. 물론 어떤 것은 다른 대상에 관련하기도 하나 마음은 그렇지 않다고 할 수도 있습니다. 블루 사파이어가 파란 것 역시 스스로를 푸르게 만든 것이 아니라 다른 이유와 조건들이 있어서 그렇다고 봐야 합니다.

등불이 스스로를 빛낸다고 인식했다면, 마음이 스스로를 빛내는 성품이라는 말이 됩니다. 하지만, 마음이 스스로를 알지 못하는데 대체 무엇으로 마음이 빛난다고 할 수 있다는 말입니까? 무엇으로 마음을 아는지 모르면서 마음 또는 등불이 스스로 빛을 내거나 내지 않는다고 말하는 것은, 아이를 임신할 수 없는 여인이 가질 수 없는 아이의 용모가 어떨 것이라고 말하는 것과 같습니다. 그냥 무의미할 따름입니다.

마음이 스스로를 안다는 증거가 없다면 어떻게 해서 그런 기억을 가지고 있단 말입니까? 기억은 다른 경험과 관련지어 생기는 것으로, 저리고 아프고 나서야 비로소 전에 쥐에게 물렸던 적이 있는데 그때 아마도 독이 몸에 들어온 것 같다고 기억하는 것과 같습니다.

이와 같이 다른 이유나 조건(연緣)이 있기에 기억할 수 있습니다. 그렇다고 해서 그런 조건들이 마음을 볼 수 있는 것은 아닙니다. 마법의 안약을 바르면 땅에 묻혀 있는 보배로운 병을 알아보고 찾아낼 수 있지만, 안약 자체에는 보는 성품이 없는 것과 같습니다.

여기서 보고 들어서 인식하는 것을 부정하려는 것이 아닙니다. 보고 들은 것이 진리라고 또는 실재한다고 여기고 싶은 것이 바로 고통의 원인이 되기에 그런 잘못된 생각을 부정하려는 것일 따름입니다.

"마음과 허깨비는 별개의 것이 아니고 다르지 않기에 분별할 수 없지 않는가?"라고 묻는 이도 있습니다. 하지만, 따로 실재한다면 어떻게 다르지 않을 수가 있겠습니까? 다르지 않다면, 따로 실재하는 것이 아닙니다.

허깨비는 실재하지 않더라도 볼 수는 있습니다. 그와 같이 볼 수 있는 것이 마음입니다. 윤회는 실재하는 것입니까? 아니면 허공과 같은 것입니까? 실재하지 않는 것이라면 어떻게 실재하는 것에 의존해서 마음에 작용한다는 말입니까?

그런 말은 실재하는 것이 없는데도, 실재하지 않는 것에 따라 마음이 실재한다는 말이 됩니다. 마음만이 홀로 존재한다면 그때는 모든 중생이 다 부처와 같다는 말이 됩니다. 이런데도 마음만이 홀로 존재한다고 한들 무슨 의미가 있다는 말입니까?

모든 것이 허깨비인 걸 깨달았다고 해도 어떻게 번뇌가 다 사라진다는 말입니까? 아름다운 여인이 허깨비인 것을 안다고 해도 여전히 애착은 일어나는데 말입니다. 허깨비를 만든 우리 역시 여전히 대상을 탐닉하는 번뇌의 습기를 버리지 못했기 때문입니다.

한편으로는 실재하는 것은 없다는 공성空性의 습기가 약해진 것이기도 합니다. 공성의 습기를 무르익게 하여 사물에 집착하는 번뇌 망상의 습기를 버려야 합니다. 이와 같이 '실재하는 것은 아무것도 없다'는 사실에 익숙해지고 나면 나중에는 그런 생각조차도 사라지게 됩니다.

"아무것도 실재하지 않는다."고 한다면, 분별해야 할 사물이 아무것도 없다는 말이 됩니다. 실재하지 않는 것이라면 의지할 필요도 없이 자유롭게 됩니다. 그런데 어떻게 마음 앞에 굳이 남아 있을 수 있겠습니까?

실재하는 존재와 실재하지 않는 비존재 모두가 마음 앞에 남아 있지 않게 되면, 비로소 분별이나 집착할 대상이 사라져 마음은 완전한 적멸, 즉 열반에 이르게 됩니다.

여의주나 여의수가 원하는 모든 소원을 다 이루게 하듯, 부처도 중생들을 위해 몸을 나투어 가르침을 베풀고 계십니다. 가루다가 죽기 전에 남긴 구슬은 오랜 시간이 지나도 염원대로 여전히 독을 소멸시키고 있습니다.

이와 같이 보살도 보리행을 통하여 부처님이라는 의지할 수 있는 기둥을 세웠기에, 열반에 드신 후에도 여전히 중생들을 위해 법의 가르침〔법륜法輪〕을 굴리시며 소원을 들어주십니다.

적멸에 들어간 부처에게 공양드린다고 해서 어떻게 현세에서 공덕의 열매를 얻을 수 있겠습니까? 부처께서는 속세에 머무셨을 때나 열반에 드신 후에도 공양을 올리는 공덕은 똑같은 것이라고 경전에 설하셨습니다. 세속에서든 진여에서든 공과는 똑같기에 부처님께 공양을 많이 올리면 그 이상으로 공덕의 열매를 얻을 수 있습니다.

"사성제의 진리만 깨달으면 해탈할 수 있는데 공성의 진리는 봐서 대체 무엇을 하려고 하는가!"라고 묻는 이도 있습니다.

그러나 경전에서는 공성의 길 없이는 깨달음이나 해탈도 없다고 말씀하셨습니다. 그대들이 굳이 대승의 가르침은 부처님 말씀이 아니라고 한다면, 소승의 경전은 어떻게 해서 성립할 수 있었습니까? 대승·소승 둘 다 서로 확인한 것만 인정해야 한다면 먼저 역사가 긴 소승의 말부터 성립될 수 없다는 것을 알아야 합니다.

그대들은 무엇을 근거로 소승이 옳다고 믿고 있습니까? 법맥 상으로는 대승도 똑같이 옳다고 믿을 수 있습니다. 법맥이 다른 둘이 서로 인정한다고 해서 진리가 된다면 법맥이 전혀 다른 베다 등도 역시 불교 경전과 같은 진리가 될 수 있습니다.

"대승은 논쟁에 빠져들기 쉽다."고 해서 배척한다면 법맥이나 전통이 완전히 다른 외도들과 마찬가지로 소승 역시 일부 경전의 내용이 다른 경우에도 역시 모두가 논쟁을 하고 있기 때문에 역시 파기되어야 할 것입니다.

불교 가르침의 근본은 비구들이 아라한의 경지에 오르는 것입니다. 그런데 아직 마음에 집착이 있고 번뇌가 남은 비구는 아라한을 이루기 어려울 것입니다. 마음속에 대상을 향한 번뇌의 습기들이 아직도 남아 있다면 고통의 바다를 건너 열반에 이르는 것도 역시 어려울 것입니다.

번뇌를 끊고서 해탈할 수 있다면 그것은 순간적으로 일어나야 합니다. 번뇌는 없어졌다고 하더라도 카르마라는 업의 힘〔업력業力〕은 남아 있어서 분명히 볼 수 있기 때문입니다.

잠시라도 집착이 사라진 것만은 분명하다고 확신한다면 집착과 관련된 번뇌는 사라졌다고 하더라도 미혹되는 것이 아무것도 없다는 것은 말도 되지 않습니다. 감각을 조건으로 하여 집착이 생기는데 감각은 아라한에게도 여전히 존재합니다. 감각이 남아 있기에 생기는 대상을 향한 마음도 역시 어느 정도는 여기저기에 남아 있는 것입니다.

공성에 대한 깨달음이 없이 다만 잠시 멀어진 마음은 다시 생겨납니다. 그것은 마치 선정에서 잠시 마음의 작용이 사라진 것과 같습니다. 선정이 끝나면 다시 느낌과 분별심이 돌아오므로 바른 지혜를 얻으려면 공성을 계속해서 수행해야 해탈할 수 있습니다.

어떤 말씀이든 경전에 들어간 것은 부처님께서 설한 것이라고 인정한다면 대승경전 대부분이 소승경전과 같은데 그것은 왜 인정하지 않습니까? 만일 이해하지 못하는 경전의 문장 하나로 인해 모든 경전의 내용이 잘못된 것이라고 한다면, 소승경전과 내용이 일치하는 경전이 하나 이상 있는데도 이 모든 대승경전이 부처님께서 설하신 것은 아니라고 하는 것은 왜 그렇습니까?

부처님의 어떤 말씀은 아라한의 경지에 오른 대가섭 등도 그 뜻의 깊이를 다 헤아리지 못합니다. 그런데도 그대가 이해하지 못한다고 해서 받아들이지 못하겠다면, 그게 말이 됩니까?

미혹으로 고통받는 이들을 위하여 보살은 집착과 두려움 끝에서 벗어나기 위해 윤회에 머물며 공성의 성취를 돕는 것은 바로 공성수행을 깨달은 열매가 있기 때문에 가능한 것입니다.

이와 같이 바른 지혜와 공덕을 가진 공성 수행에 대해 잘 알지도 못하면서 비판하거나 거부하는 것은 옳지 않습니다. 그러므로 괜한 의심을 갖지 말고 지금 바로 당장 여기서 공성 수행을 시작해야 합니다.

공성은 아집我執으로 해탈을 방해하는 번뇌장煩惱障과 법집法執으로 보리심을 성취하지 못하게 막는 소지장所知障의 어두운 무명無明을 치료해 줍니다. 속히 일체지一切智를 얻고자 하면서도 어떻게 공성을 수행하지 않을 수 있단 말입니까?

어떤 존재든 윤회의 고통을 받으며 그에 대한 두려움이 생깁니다. 오직 공성만이 고통을 소멸시킬 수 있는데 왜 거꾸로 공성 수행에 대해서는 그렇게 두려워합니까?

만일 '나(我)'라는 것이 실재로 존재한다고 믿으면 무엇을 대하든지 두려움이 일어날 것입니다. 그러나 '나'라는 것은 어디에도 존재하지 않으니 두려워할 것이 무엇이 더 남아 있겠습니까?

치아와 머리카락과 손톱은 곧 '나'라는 것은 아닙니다. 뼈나 피도 콧물도 가래도 림프액도 고름도 곧 '나'라는 것이 아닙니다. 지방도 땀도 폐도 간도 다른 내장도 대변이나 소변도 곧 '나'라는 것은 아닙니다. 살도 피부도 열이나 바람도 구멍들도 여섯 가지 식識도 곧 '나'라는 것은 아닙니다.

만일 소리에 대한 인식이 영원하다면 언제 어디서나 소리를 들을 것입니다. 하지만 인식할 소리 자체가 실재하지 않는다면 어떻게 소리를 들을 수 있겠습니까? 인식할 대상이 없는데도 의식할 수 있다고 한다면 마음이 없는 장작개비조차도 의식할 수 있을 것입니다. 그러므로 인식할 대상이 주변에 없으면 의식할 수 없다고 할 수 있습니다.

"소리 대신 모습으로 인식한다면 소리를 들었던 의식은 어디로 갔는가?"라고 묻는 이도 있습니다. 소리가 없기 때문이라면 소리를 들었던 의식도 없을 것입니다.

"소리를 파악하는 본성은 무엇이기에, 그게 어떻게 모습도 파악할 수 있겠습니까?"라고 묻는 이도 있습니다. 사람은 아버지이면서 아들일 수 있습니다. 그렇다고 해도 둘이 아니지 않습니까?

중관학파 가운데 수론파가 주장하는 근본 원리인 원질이 분화해서 생기는 세 가지 속성인 순질(純質: Sattva, 순수·조화), 동질(動質: Rajas, 변화·운동), 암질(暗質: Tamas, 무지·몽매)의 상태에서는 아들도 아니며 아버지도 아닙니다.

이전에 소리를 들었던 원질의 상태가 아니므로 본성은 모습을 의식할 때는 없는 것입니다. 배우가 다양한 역할을 맡듯이, 본성은 영원한 것이 아닙니다.

"역할이 달라질 때마다 이전의 본성이 사라지고 실재하지 않는다면 어떤 의식이 자신의 본성이라고 할 수 있습니까?"라고 묻는 이도 있습니다. 대상마다 다른 방법으로 인식했다고 할지라도, 중생의 마음은 하나라고 할 수 있을 것입니다.

"개별적으로 각각 분별하는 것이 잘못이라고 한다면, 그때 하나라고 하는 것은 문제가 없다는 말입니까?"라고 묻는 이도 있습니다. 마음이 없는 것은 '나'라고 할 수 없습니다. 마음이 없는 성품이 항아리와 같기 때문입니다.

그러나 분별심을 내어서 '나'라는 마음을 가지고 있다면, 인식할 수 없는 영원 불변하다는 '나'라는 논리도 무너져야 할 것입니다.

"거꾸로 어떤 것도 '나'라는 것이 될 수 없다면, 마음이 여기에서 어떤 작용을 할 수 있다는 말입니까?"라고 묻는 이도 있습니다. 몇 개로 분리되는 의식은 있을 수 없음에도 불구하고, 굳이 있다고 한다면 대상에서 떨어져 있는 허공도 '나'라고 해야 할 것입니다.

"만일 '나'라는 것이 존재하지 않는다면 행위라는 업業이 인因이 되어 결과果를 맺는다는 것은 옳지 않습니다. 만약 업을 지은 후에 죽는다면 그 업은 누구의 업이 된단 말입니까?"라고 묻는 이도 있습니다. 이전의 행위와 이후의 결과는 그 본질이 다릅니다. 거기에 '나'라고 할 것이 없다는 데에는 우리 양쪽 다 같은 의견이니 더 이상 논쟁하는 것 자체가 무의미합니다.

원인을 봤어도 나중에 어떤 결과가 나올지 아무도 알 수가 없습니다. 다만 인과라는 한 가지 생각의 흐름 속에서 행위를 한 주체가 결과를 피하지 못한다고 가르치신 것입니다.

과거의 마음도 미래의 마음도 '나'라고 할 만한 것은 없습니다. 그것은 지금 존재하지 않기 때문입니다. 그러나 지금 생겨난 마음을 '나'라고 한다면 그 역시 사라지고 나면 역시 '나'라고 할 것은 존재하지 않게 됩니다.

예를 들어 파초란 식물은 밑동을 베어 보면 그 안에는 아무것도 없습니다. 이런 식으로 미루어 생각해 보면 '나'라고 할 만한 것도 역시 실재하지 않음을 알 수 있습니다.

"만일 중생이 존재하지 않는다면 누구에게 자비를 베푼다는 말입니까?"라고 묻는 이도 있습니다. 그러나 '나'라는 것이 실재한다고 믿는 미혹된 중생들을 위해 부처가 되겠다고 했을 따름입니다.

"중생이 존재하지 않는다면 대체 과보는 누가 받는가?"라고 묻는 이도 있습니다. 사실에 미혹되어 실재를 긍정한 사람입니다. 자비심은 고통을 완전히 소멸하기 위한 것이니 이런 목적을 잊고 무지하게 인과나 자비심의 본질을 왜곡하지는 말아야 할 것입니다.

고통의 원인이 되는 나에 대한 집착인 아만我慢은 '나'라는 것이 있다는 무지로 늘어만 갑니다. 그런데도 변하지 않는다면 이제는 무아無我를 수행하는 것이 최고의 방법이라고 전하고 싶습니다.

다리나 종아리가 곧 몸이 아닙니다.
허벅지나 허리도 곧 몸이 아닙니다.
배나 등도 역시 곧 몸이 아닙니다.
가슴이나 어깨도 곧 몸이 아닙니다.
옆구리나 손도 곧 몸이 아닙니다.
겨드랑이나 어깻죽지도 곧 몸이 아닙니다.
내장들도 역시 곧 몸이 아닙니다.
머리나 목도 역시 곧 몸이 아니라면
여기서 몸은 대체 무엇입니까?

몸은 늘 각각의 부분에 의지합니다. 부분들은 부분적으로만 존재하는 것일 뿐입니다. 몸뚱이 자체가 어디 한 부분에 있을 수는 없습니다.

만일 전체 몸이 손이나 다른 부분에 있다면 손과 발의 수가 몇 개든 간에 그만큼의 몸이 존재하게 될 것입니다. 몸은 외부나 내부에도 없는데, 어떻게 손이나 다른 부분 안에 몸뚱이가 다 존재할 수 있겠습니까?

"손이나 다른 곳에 없다면 이 몸은 대체 어디에 존재하는 것입니까?"라고 묻는 이도 있습니다. 이는 몸이 따로 존재하지 않음에도 불구하고, 손이나 다른 곳에 대한 미혹으로 각각의 모습을 몸이라 고 인식하기 때문에 일어난 오류입니다.

이런 생각은 각각 모양이 다른 부분들을 연결하고 연결하다 보니 생긴 잘못으로, 돌기둥을 보고 사람으로 착각하는 것과 같습니다.

비슷한 부분들이 연결되고 결합되어 보이는 물체는 사람 모습처럼 보이기도 합니다. 까닭에 손이나 다른 한 부분이 있어도 그것만을 보고도 사람 몸을 본 것처럼 오해하기도 합니다.

이와 같이 손가락이 모여 있기에 손이라고 하는데, 어느 한 손가락만을 손이라고 할 수 있습니까?

또한, 뼈와 관절들이 모여 손가락을 이루는데 어느 한 부분만을 손가락이라고 할 수 있습니까?

몸의 부분들은 또 입자로 나누어지며 그 입자도 역시 또 나누어져 원자처럼 되기에 결국 허공과 같아진다고 할 수 있습니다. 그러므로 입자라고 할 만한 것도 존재하지 않는다고 할 수 있습니다.

이런 식으로 보면 실재한다고 하는 모든 것은 꿈 같은 몽상에 불과합니다. 이와 같이 모습을 다 분석해 보면 누군들 여전히 거기에 집착하겠습니까?

이와 같이 몸은 부분의 합체일 뿐 그 실체가 없음을 알았음에도 불구하고 또 다시 남자와 여자는 왜 구분하려고 합니까?

고통 그 자체가 실제로 존재한다면 왜 행복을 방해하지 않습니까? 마찬가지로 편안함과 즐거움이 실제로 존재한다면 슬픔이나 고뇌 등을 겪을 때 달콤하고 기쁘게 만들지 못합니까? 더 강한 힘으로 제압하기 때문에 다른 약한 느낌을 느낄 겨를이 없는 것입니까?

"그런데 느끼지 못했다고 해서 제게 없다고 할 수 있습니까? 커다란 행복에 압도되면 고통은 미세한 상태로 존재합니다. 이때도 고통이 소멸된 것이 아니라 잠복한 것이지 않는가?"라고 묻는 이도 있습니다. 그러나 고통이 줄어들어 못 느끼고 대신 행복을 느낀다면, 과연 그런 미미한 고통도 굳이 고통이 있다고 할 수 있을 정도입니까?

만일 고통을 느끼지 못하게 방해하는 행복이라는 것 역시 굳이 실재한다고 한다면 느낌을 개념적으로 조작하고 분별하여 실제인 양 집착하는 것입니다. 그러므로 이를 고치기 위해서는

포옹해도 돼?(Mögáfoss, Fjaðrárgljúfur Canyon)

치료제와 같은 분별지分別智를 기르는 관觀을 수행해야 합니다.

이와 같이 헤아린 뒤에 들어간 선정禪定은 지관止觀을 닦는 요기의 수행 방식이 됩니다.

만일 감각의 대상에 간격이 있다면 그것들은 어디에서 만날수 있겠습니까? 없습니다. 거꾸로 간격이 없다면 결국 두 개가 아닌 하나의 성품인데 무엇과 무엇이 있어 서로 만날 수 있다는 말입니까?

미세한 먼지〔미진微塵〕는 다시 같은 미진에 들어갈 수 없습니다.

그것들은 간격이나 빈 공간이 없고 크기도 같은 것이기 때문입니다. 서로 들어갈 수도 없으며, 섞일 수도 없으며 섞일 수 없으므로 접촉도 없습니다.

나눠진 부분이 없는데도 서로 만날 수 있다고 한다면 그것이 어떻게 타당하다고 할 수 있겠습니까? 부분이 없는데도 실제로 같은 것이 만나는 것을 만일 한 번이라도 본 적이 있다면 그 예를 꼭 보여주시기 바랍니다.

의식(識)은 몸통이 없으므로 이들끼리 실제로 접촉이 일어날수 있다는 주장은 옳지 않습니다. 결합 역시 실제로 증명할 수없기에 이는 앞에서 말한 것과 다르지 않습니다.

접촉이 없었는데 접촉의 결과인 감각은 대체 어디에서 생기는 것입니까? 사실이 이럴진대 굳이 이렇게 불필요한 논쟁을 하는 것은 왜입니까? 대체 실재하지도 않는데 왜 기쁨을 얻으려고 애쓰는 것이며, 대체 무엇이 무엇을 괴롭힐 수 있다는 말입니까?

실제로 느낀 사람도 없으니, 당연히 감각 자체도 역시 없습니다. 이런 상태를 보고서도 무엇 때문에 집착을 못 버리는 것입니까? 보고 만지는 대상 역시 꿈이나 허깨비와 같으며, 느낌이란 마음과 함께 동시에 생기는 것입니다. 따라서 시각이나 촉각으로 아무리 분리시켜도 마음으로 느낄 수는 없습니다.

이전에 있었다거나 이후에 생길 느낌을 기억한다고 주장해도 그것이 경험한 것은 아닙니다. 스스로가 경험할 수 없으므로 다른 그 무엇으로도 역시 경험할 수는 없습니다.

실제로 느낀 사람도 존재하지 않으며 느낌 자체도 없으며, '나(我)'라고 할 만한 것도 없는데도, 색色·수受·상想·행行·식識의 오온五蘊의 집합체인 '나(我)'를 그 무엇이 어떻게 해롭게 할 수 있다는 말입니까?

마음은 감각기관에 따로 존재하는 것이 아니고 대상에 존재하는 것도 아니며 그 사이에도 존재하는 것이 아닙니다. 내부에 있는 것도 아니며, 바깥에 있는 것도 아니며, 다른 곳에서도 찾을 수 있는 것도 아닙니다.

마음은 몸도 아니고, 다른 어떤 것도 아닙니다. 섞이지도 않으며 분리될 수 있는 것도 아닙니다. 그것은 미세한 그 다른 무엇도 아닙니다. 그러므로 중생의 본래 자성은 바로 열반涅槃인 것입니다.

인식 대상보다 앞서 의식이 생겼다면 그것은 무엇을 보고 생긴 것입니까?

의식과 인식 대상이 동시에 발생했다면 그것은 또 무엇을 보고 생긴 것입니까?

반대로 인식 대상이 생긴 이후에 의식이 생겼다면 그것은 또 무엇을 보고 생긴 것입니까?

그러므로 의식도 실재하지 않는 것이라고 할 수 있습니다.

이와 같이 생멸하는 세속의 진리인 속제俗諦가 없다면 진속眞俗이라는 두 가지 진리는 어디에 존재합니까? 그래도 속제가 열반의 진리인 진제眞諦와 다른 것이라고 한다면 "윤회하며 고통을 겪는 중생의 의식은 어디에 있으며 어떻게 열반으로 갈 수 있습니까?"라고 거꾸로 묻고 싶습니다.

여러분의 진제와 속제에 대한 생각은 본래의 뜻과는 다른 것으로, 열반으로 향하는 속제의 개념과는 거리가 멉니다. 열반을 이룬 후에도 그런 관념이 실재한다면, 그것이야말로 세속적으로 전도된 관념으로 열반으로 향하는 진리가 아닙니다.

분별할 수 있는 여러분과 분별되는 대상들은 서로 의지하고 있습니다. 각각은 공통되는 보편에 의지하여 모든 것에 대해 분별하고 말합니다. 만일 분별하여 안 것에 대해 다시 보편이 아닌 분별지로서 분석한다면 그 역시 분별지이므로 무한반복의 오류에 빠져 접촉할 수가 없습니다.

이와 같이 분별한 대상을 다시 분별하는 것이라면 더 이상 분별할 만한 바탕인 토대土臺가 없어지게 됩니다. 바탕조차 없으므로 분별심도 생기지 않게 될 것이므로 열반이라고 부릅니다.

여러분은 의식과 대상 모두 실재한다고 주장하지만, 그것은 입증이나 유지가 매우 어려운 일입니다. 만일 대상이 인식하는 감각기관을 통해 실제로 성립한다면 의식은 어디에 의지하여 성립하고 있습니까?

대상이 의식의 실존을 입증한다면 대상은 또 무엇에 의지하여 존재한다는 말입니까? 그것이 서로에게 의존하여 존재한다면 둘 다 역시 존재한다고 할 수 없습니다. 아들이 없으므로 아버지도 없다고 합니다. 그렇다면, 아들은 어디에서 생길 수 있습니까? 아들이 없으니 아버지도 없어지는 것이니 결국 그 둘의 존재가 다 사라지게 되는 것입니다.

"싹이 씨앗에서 생긴 이상 싹만 보고도 씨앗을 알 수 있는 것과 같습니다. 인식 대상에서 생긴 의식이 실재한다는 증거인데,

왜 이것도 알지 못합니까?"라고 묻는 이가 있습니다. 싹을 통해서 씨앗의 존재를 알아챈 의식은 씨앗을 보는 의식과는 다른 것입니다. 눈앞에 없는 씨앗의 존재를 추론할 수는 있으나, 그것이 씨앗이라는 인식 대상을 직접 보는 의식은 아닙니다. 따라서 이런 의식을 가지고서 실존을 증명할 수는 없습니다.

가끔 세상 사람들은 결과에 대한 분별을 통해 원인을 볼 수도 있습니다. 줄기만 보고도 연꽃의 종류까지 구별해낼 수 있는 사람이 있는 것은 현재의 결과를 만들어낸 원인인 씨앗 등을 분별할 수 있기에 가능한 것입니다.

"이와 같이 다른 원인들을 분별하는 것은 무엇 때문에 가능하다고 했는가?"라고 다시 물어도, 답은 같습니다. 이전의 원인인 씨앗을 구별할 수 있기에 가능한 것입니다.

"어떻게 특정한 원인이 특정한 결과를 만드는가? 즉 씨앗이 다르면 줄기도 정말 다른가?"라고 다시 묻는다면 "이전의 원인인 씨앗이 가진 그 자체의 힘인 업력이 다르기 때문에 그렇다."라고 답할 수 있습니다.

누구는 자재천自在天이 이런 전변轉變의 원인이라고 하는데, 그렇다면 먼저 자재천이 무엇인지 말해 줘야 합니다. 세상의 구성요소인 오대五大라고 하면 될 것을 왜 굳이 자재천이라고 해서 사서 고생을 하는지 모르겠습니다.

그렇다고 하더라도 오대 가운데 지대地大 등은 하나가 아니라 여럿이 함께 모인 것이며, 무상無常하며 움직이지 못하며, 신성하지도 않습니다. 우리가 밟아서 땅은 더럽혀지는데 그것이 그대들이 숭앙하는 자재천의 본성은 아니지 않습니까?

자재천은 공한 것도 아니며 움직이지도 못하므로 '나'라고 할 만한 것도 없습니다. 앞에서 이미 논쟁한 것처럼 불가사의한 창조주라도 인식 대상이 아니라서 인식할 수 없기에 불가사의라고 한 것을 잊었습니까? 이런 이야기를 반복해서 말한들 무슨 소용이 있습니까?

자재천이 정말 만들고 싶은 것은 무엇입니까? 자재천은 '지대'를 비롯한 중생세계와 '나'라는 것을 만들었다고 합니다. 그렇다면 자재천의 본성도 역시 영원하지 않다는 말입니까? 의식이 인식하는 대상에서 생기며 무시이래의 행복과 고통에서 생긴 업이라면 자재천이 따로 창조한 것은 무엇입니까? 원인에는 처음이 없었는데, 결과에서 처음은 어디를 말하는 것입니까?

자재천은 다른 것에 의존하지 않는데, 왜 자재천은 영원히 계속해서 이것저것 만들어내지 못합니까? 그가 만들지 않은 것이 하나도 없다면, 자재천은 무엇에 의지하여 만들 수 있었습니까?

만일 자재천이 뭔가에 의지했다면, 결합 자체가 원인이 되기 때문에 창조주인 자재천이 설 자리는 없습니다. 결합이라면 무언가를 만들 힘이 없는 것이며, 반대로 결합이 아니라면 만들 힘도 없는 것이 됩니다.

만일 자재천이 바라지 않았는데도 만들어졌다면, 다른 무언가의 힘에 의해 만들어진 것이 됩니다. 아울러 만약 자재천이 만들려고 했다면 그것은 자재천의 의지, 즉 욕망에 의지한 것이 됩니다. 그렇다면 독립적이며 전지전능하며 영원불변이라는 자재천이란 말은 성립이 안 됩니다.

영원한 입자가 세계를 만들었다는 주장은 앞에서 이미 논박하였습니다. 그대들 수론파(數論派: Samkhya)는 영원한 원질原質이 전변, 즉 중생 및 세계 창조의 원인이라고 합니다. 우주의 구성요소인 순질·동질·암질이라고 하는 세 개의 속성이 완전한 평형 상태를 이루는 균형과 조화가 원질의 근원이라고 하며, 반대로 그 균형이 깨진 상태를 전변, 즉 우주의 발생이라고 합니다.

하나의 본성이 세 가지나 되는 다른 속성을 가지고 있다는 것은 타당하지 않습니다. 그러므로 그런 것들은 없습니다. 또한 세 개의 속성을 가지고 있다고 했으니 단 하나의 속성만 있다면 그것으로는 존재할 수 없게 됩니다. 그 가운데 하나의 속성만 없더라도, 소리 등의 다른 감각도 역시 없어지게 됩니다. 마음이 있을 수 없는 옷이나 모포 등의 의류 자체에는 즐거움 등은 존재할 수 없다는 것과 같은 이야기입니다.

인식의 대상이 되는 사물이 느낌의 원인이라면 그런 사물은 볼 수 없다는 것을 이미 말했습니다.

그대들이 말하는 원인이라는 것도 역시 즐거움 등의 성품일 뿐으로 모포 등의 사물에서 나온 것이 아닙니다. 만약 모포 등에서 즐거움 등의 느낌이 생긴 것이라면 그것이 없으면 즐거움 등도 사라지게 됩니다.

또한, 즐거움 등이 영원한 것이라고 하는데 정말 항상 볼 수 있습니까? 즐거움 등이 확실하게 존재하는 것이라면 왜 늘 경험할 수 없는지 모르겠습니다. 미미한 상태로 존재한다고 말하는데 때로는 거세고 때로는 미미하다는 것은 또한 무슨 말입니까? 센 것이 사라져서 미세해졌다고 하는데 미세하거나 세다는 것은 결국 다 무상한 것입니다.

이와 같이 모든 것이 다 무상하다는 것은 왜 생각하지 못합니까?

세다는 것과 즐겁다는 것과 별반 다르지 않다면 즐거움도 영원하지 않고 무상한 것이라고 할 수 있습니다.

존재하지 않는 것으로부터 어떤 것도 생길 수 없다는 것을 인정해야 합니다. 그런데도 무無에서 새로운 것이 생겼다고 아무리 믿고 싶다고 해도 진리는 변하지 않습니다.

만일 원인과 결과가 동시에 존재한다면, 음식을 먹는 것은 대변을 먹는 것과 같다는 이야기가 됩니다. 그것은 또한 무명으로 만든 옷을 살 돈으로 목화씨를 사서 입으려고 하는 것과 같습니다.

세간 사람들은 미혹 때문에 이를 알지 못한다고 하는데, 실제의 진실을 알 수 있는 이는 중생 외에 또 누가 있다는 말입니까? 이러한 사실은 세간의 중생들도 알 수 있는데, 왜 세간의 눈에는 보이지 않는다고 말하고 있습니까?

세간의 인식 방법 자체가 틀리다고 한다면 그들이 확실하게 제대로 보는 다른 것도 역시 진실이 아니라고 하는 것과 같습니다. 세간의 인식 방법을 척도로 삼을 수 없다면 그것을 기준으로 잰 것을 포함한 모든 것이 다 헛것이 됩니다. 그런 식으로 하면, 그대들이 지금까지 세간에서 수행해 온 것도 아무 의미가 없게 됩니다.

분별 대상인 사물과 접촉하지 않고서는 실제로 존재하지 않는 사물[비존재非存在]을 분별할 수 없을 것입니다. 그런데 그 허깨비 같은 존재는 어디에 있는지 도무지 찾을 수가 없습니다. 실제로 존재하지 않는다면 확실히 거짓이 됩니다.

그러므로 꿈속에서 아들이 죽자, '내게 아들이 원래 없었는데…'라고 여기는 분별력을 만들 수만 있다면, '아들이 있었기에 죽었다'라는 생각에서 비롯된 착각을 막을 수가 있다고 하는 이도 있습니다. 하지만 그 역시 모두 꿈속의 일이므로 다 헛일일 뿐입니다.

마찬가지로 이와 같이 분별해 보면 어떠한 것도 원인이 없이는 존재하지 않습니다. 개별적이건 집합적이건 어떤 조건〔결합〕도 역시 마찬가지로 원인 없이는 존재하지 않습니다.

존재란 다른 것에서 나오는 것도 아니고 머무는 것도 아니며 어디로 떠나는 것도 아닙니다. 그런데도 미혹되어 그냥 실재한다고 믿어버리니 이것이 허깨비와 무엇이 다르겠습니까? 무엇이 허깨비로 인해서 생겼으며, 나아가 그 무엇은 어떤 원인에서 왔으며, 또 어떤 결과로 나갈지 역시 분별해서 봐야 합니다.

물에 비친 모습처럼, 무엇인가 가까이 있기에 나타나서 우리가 볼 수는 있습니다. 아무것도 없다면 아무것도 비치지 않아 볼 수도 없습니다. 실제 모습을 그린 그림과 같은 이런 것에 정말로 실재하는 성품이 있다고 믿고 싶습니까?

사물이 이미 존재한다면, 굳이 그 존재의 원인은 대체 왜 필요한 것입니까? 실제로 존재하지 않는다면, 그 비존재의 원인은 또 왜 필요한 것입니까? 백만 가지 아니 천만 가지의 원인이 있다고 해도 비존재를 존재로 바꿀 수는 없습니다.

그런데도 존재한다면, 이렇게 존재할 수 있는 또 다른 원인으로는 무엇이 더 있습니까? 정말이라면 사물이 실제로 존재한 것은 언제부터라는 말입니까? 거꾸로 존재가 생기지 않았다면, 존재하지 않는 것과 굳이 분별할 필요도 없을 것입니다. 그렇게 분별할 필요조차 없다면 존재할 틈조차도 없어지게 됩니다.

거꾸로 존재 또한 비존재가 될 수는 없습니다. 만일 된다면 대립되는 모순된 본성이 둘이라는 것을 인정하는 것이 되기 때문입니다.

이와 같이 존재하는 것도 없으며 소멸하는 것도 없습니다. 그러므로 이 모든 중생은 태어남도 없으며 죽음도 없습니다. 중생은 꿈속의 존재와 같아서 관찰해 보면 속이 텅 빈 파초와 같이 공허할 따름입니다. 실제로는 존재하지 않으니, 열반이나 윤회 역시 아무런 차이가 없습니다.

이렇게 공空한데, 얻을 것은 무엇이며 잃을 것은 또 무엇입니까? 누구를 공경할 것이며, 또 누구를 경멸할 것입니까? 또한, 즐거움이나 고통은 대체 어디에 있다는 말입니까? 슬픔은 무엇이며 기쁨은 또 무엇입니까? 자성을 구한다면서 도대체 누구에게 그토록 애착하며 또 그 무엇에 그토록 집착하려고 합니까?

이와 같이 분별해 보면, 이 세간에 살고 있는 사람은 누구이고 죽은 사람은 또 누구입니까? 지금까지 누가 살다 갔고 또 누가 새로이 태어나고 있습니까? 친척이나 친구라는 존재는 또 무엇입니까?

모든 것은 허공과 같다는 것을 함께 깨달아서 윤회를 끊고 깨달음으로 나가야 합니다.

사람들은 모두 자신만의 행복을 원해서, 자신의 욕망을 채우기 위해 남들과 다투고 성내고 찌르는 악업을 행하며 고통 속에 살아갑니다. 천상이나 인간세상에 오고 또 다시 와서는 많은 행복을 누리기도 합니다. 하지만 누린 후에는 죽어서 지옥이나 축생 등의 악취에 떨어져 긴 세월 동안 참을 수 없을 정도로 고통을 받게 됩니다.

그곳은 열반이나 해탈이 아닌 끝없는 윤회의 수많은 골짜기입니다. 온통 고통으로 가는 함정들뿐이며 해탈로 가는 공성을 공부할 수 있는 길을 찾기 힘든 곳입니다.

모든 것이 서로 모순되는 곳입니다. 비할 바 없을 정도로 참기 힘든 고통의 바다가 끝없이 펼쳐지는 곳입니다. 공덕의 힘이 미약하여 수명도 짧은 곳입니다.

또한 살기 위해서 투병하며, 굶주리지 않거나 피곤하게 되지 않으려고 애쓰는 곳입니다. 수면 부족으로 졸리고 그래서 위험하여 온갖 사고에 노출되는 곳입니다.

어리석은 이들과의 쓸데없는 친교로 시간을 낭비하는 곳이기도 합니다. 인생은 덧없이 빨리 지나가고 분별의 지혜〔공空〕는 참으로 깨치기가 어려운 곳입니다.

나태와 산란 등의 번뇌로 인해 다시 방향을 되돌릴 방법을 찾을 수 없는 곳입니다. 악당 같은 마군魔軍의 나쁜 유혹이 계속되어 더욱 나락으로 떨어지게 하는 곳입니다.

외도의 길만 많아서 지혜는 언감생심이며 의심조차 극복하기 힘든 곳입니다. 아울러 지금처럼 공을 닦으며 수행을 할 시간은 얻기 어려운 곳입니다. 그러니 부처님 가르침을 만나기는 더더욱 어려운 곳입니다.

번뇌로 범람한 강물 줄기로부터 잠시도 벗어나거나 되돌아가기 어려운 곳입니다. 고통의 눈물만 하염없이 흐르는 곳입니다.

아! 이런 혹독한 고통을 겪으면서도 자신의 고통은 왜 아직도 보지 못합니까? 고통의 강물 가운데 머물고 있는 여러분들이 가엾고 또 가여울 따름입니다.

어떤 수행자는 찬물에 들어갔다가 나와서는 다시 뜨거운 불속으로 들어가는 것을 반복합니다. 이와 같이 혹독한 고통 속에 머무르면서 오히려 스스로는 매우 행복하다고 합니다. 하지만 정말 그게 맞는 일이라고 생각합니까?

자기들은 마치 늙거나 죽지 않을 듯이 하지만, 결국 이런 고행을 따라 행하던 이들이 죽으면 제일 먼저 염라대왕에게 잡혀가 견딜 수 없는 고통을 겪는 지옥 등의 악취에 떨어지게 됩니다.

제가 지은 공덕의 구름으로부터 상서롭게 내리는 행복의 장대비로 번뇌의 불로 괴로워하는 중생들의 고통을 적실 날은 언제가 되어야 오겠습니까?

대상을 분별하지 않는 지혜의 공덕을 얼른 쌓아서, 대상에 집착하여 고통받는 여러분들에게 지혜방편의 결집체인 공성空性을 드러낼 수 있게 하소서.

고래의 인사(Hólmavik)

10
여 법 히 회 향 하 라

제가 지금까지 드린 말씀인 이 『입보리행론』으로 인해 만약 작은 선업의 공덕이라도 있다면, 이로 인해 모든 중생이 부처가 되는 보리행에 들어가게 하소서.

모든 세상의 중생이 몸과 마음의 병에서 벗어나 이 작은 복덕으로 인해 기쁨과 행복의 바다에 이르게 하소서.

이들이 윤회되는 동안에도 행복이 영원히 줄지 않게 하시고 중생 모두가 위없는 보살의 영원한 행복을 누리게 하소서.

고통을 겪고 있는 수많은 지옥 중생까지도 모두 서방정토인 극락의 행복을 누리게 하소서.

추위에 떠는 이들은 따뜻하게 되고, 보살행으로 인해 생겨난 공덕의 구름에서 내리는 단비로 인하여 더위에 고통받는 이들은 시원하게 하소서.

날카로운 칼날과 같은 날카로운 쇠로 된 잎이 흩날리는 지옥의 나무숲은 아름다운 동산으로 이루어진 낙원이 되게 하시고, 날카로운 쇠와 가시가 달린 나무들은 모두 소원을 이뤄주는 여의수如意樹로 바뀌게 하소서.

불지옥 땅을 전부 연꽃향이 그윽하게 퍼지는 호수로 만들어, 백조·거위·금관조·원앙 등이 즐겁게 노래 부르는 감미롭고 아름다운 노랫소리가 청아하게 흐르게 하소서.

불타는 석탄 더미는 모두 보석으로 바뀌고 불타는 대지는 시원한 수정 바닥으로 바뀌게 하소서.

지옥의 철로 된 산들도 역시 만다라를 공양할 수 있는 무량궁無量宮으로 만들어 여러 여래께서 머물게 하소서.

쏟아지는 돌, 용암 그리고 칼날도 이제부터는 꽃비로 바뀌고, 무기로 서로 죽이는 칼싸움도 이 순간부터는 꽃을 던지는 신나는 놀이가 되게 하소서.

불타오르는 지옥 용암의 급한 흐름에 빠져 모든 살이 녹아내리고 자스민 꽃색처럼 하얀 백골이 드러난 중생들이라도 이 작은 인연 공덕으로 천신의 몸을 받아서 선녀들과 함께 시원한 시냇물에서 노닐게 하소서.

지옥은 염라왕의 옥졸과 사나운 매와 독수리 등으로 가득합니다. 하지만, 모든 어둠의 두려움을 몰아내고 행복의 기쁨을 주는 거룩하고 상서로운 빛은 저 높은 하늘 가운데 계신 금강수보살을 우러러보고, 최고의 환희심을 내게 하여 악업에서 벗어나 언제나 불보살님들과 함께하게 하소서.

향기 나는 꽃비가 내리어 영원할 것처럼 불타오르던 지옥불이 갑자기 꺼지면, 지옥 중생들도 바로 기쁨과 행복을 느끼는 그 놀라운 환희심으로 연꽃을 들고 계신 연화수보살을 찾아볼 수 있게 하소서.

도반들 모두 이제 두려움을 버리고 어서 와서, 불보살의 위신력으로 모든 고통에서 벗어나 즐거움이 충만하게 하소서.

모든 중생을 원만히 지키고자 보리심과 자비심을 일으킨 보살께서 꼭 그 고통을 덜어주소서.

보관을 쓴 수백의 신들이 연화좌에 앉으신 보살께 예를 올리고, 자비와 연민으로 촉촉이 젖은 눈과 머리 위로는 수많은 꽃비가 내리며, 장엄한 누각에는 수천의 하늘 여신들의 찬탄이 울려 퍼지는 가운데 문수보살을 친견하게 하겠사오니, 이제는 지옥 중생도 소리 내어 웃게 해 주소서.

제 선한 공덕으로 인해 만들어진 행복의 구름이 내리는 시원하고 향기로운 단비로 지옥 중생 모두의 장애가 씻기어 나가게 보현보살과 여러 장애를 없애주시는 보살님들께서도 함께 도와주소서.

축생들은 서로가 서로에게 잡아먹히는 두려움에서 벗어나게 하소서.

지옥도 없고 수명도 길어 살기가 좋은 북구로주北俱盧洲 사람들처럼 아귀들도 배부르고 행복하게 하소서.

성스러운 관세음보살의 자비로운 손에서 흘러내리는 젖줄기로 아귀들도 굶주린 배를 채우고 몸도 깨끗이 씻게 하여 늘 시원하게 하소서.

시각장애자는 눈을 떠서 앞을 보게 하고, 청각장애자는 소리를 듣게 하소서.

석가모니불의 어머님이신 마야부인과 같은 임산부도 통증 없이 아이들을 잘 분만하게 하소서.

헐벗은 이들은 입을 옷을 얻고 굶주린 이들은 배불리 먹고 목마른 이들은 달콤하고 시원한 물을 마시게 하소서.

가난한 이들은 재물을 얻고 슬픔에 잠긴 이들은 기쁨을 얻고 절망에 빠진 이들도 희망을 되찾아 늘 편안하고 행복하게 번영을 이루게 하소서.

병들어 신음하는 중생은 즉시 병에서 벗어나고, 세상의 병이라는 병은 모두 하나도 남김없이 사라져서 다시는 생기지 않게 하소서.

겁을 먹은 이들은 두려움을 벗어나고, 갇혀서 속박당한 이들은 풀려나 자유를 얻고, 힘없는 이들은 기력을 회복하게 하고, 모두 한 마음으로 서로를 아끼게 하소서.

길 떠난 이들은 누구라도 어디로 가든지 편안하고, 무슨 일로 가든 어려움 없이 목적을 달성하게 하소서.

배로 항해하는 이들도 바다 건너 목적지에 안전하게 도착하고, 무사히 돌아와 가족 친척 친지들과 함께 재회와 성공의 기쁨을 나누게 하소서.

길을 잃고 헤매어 고생하는 방랑자는 동행을 만나고, 도둑이나 맹수 등을 걱정하지 않고 편하게 안심하며 길을 가게 하소서.

길도 없는 외딴 벌판에서 보호해 줄 어른이 없는 아이나 노인들, 잠에 빠져 있거나 의식을 잃어 쓰러진 이들은 물론 미친 사람까지도 하늘의 천신들께서 보호하고 지켜 주소서.

여유가 없는 이들도 거기서 벗어나 여가를 얻고, 신심과 지혜와 자비를 갖추고, 풍족한 음식과 원만한 계행으로 인해서 모든 생에서 항상 깨어 있게 하소서.

모두가 허공의 보물창고를 가진 것처럼 부족함이 없이 향유하게 하소서.

서로 다투지 않고 해치지 않으며 자유롭게 누리게 하소서.

위신이나 기품이 부족한 이들은 그들의 명예가 크게 빛나게 하시고, 고생하여 몸을 많이 상한 이들은 고귀하고 원만한 몸을 갖게 하소서.

지금 비하를 받는 여인은 모두가 남자로 태어나 우대받거나 동등하게 대접받게 하고, 미천한 이들은 고귀한 자리에 오르고 나아가 높은 위치에서도 전혀 오만하지 않게 하소서.

제가 지은 이 공덕으로 한 중생도 빠짐없이 모든 악업을 끊고 항상 선업만 짓게 하소서.

늘 보리심과 멀어지지 않고 보리행에 힘을 다하며, 부처의 완전한 가호 속에 마군의 행을 버리게 하소서.

모든 중생이 무한한 장수를 누리고 늘 행복하게 살며 죽음이란 말조차도 듣지 않게 하소서.

부처님과 보살의 가르침이 감미롭게 흐르는, 생각한 대로 이루어지는 나무 동산이 온 세상에 가득하게 하소서.

모든 대지가 청정하고, 큰 돌이나 자갈 하나 없이 손바닥과 같이 편평하고 유리처럼 부드럽게 만들어 주소서.

보살님들이시여! 법륜 만다라를 만드는 제자들이 있는 모든 곳에 나투어 상서로움으로 대지를 빛나게 장엄하여 주소서.

몸을 가진 중생들은 물론 새·나무·햇빛·허공까지도 모두 부처님의 가르침을 빠짐없이 끝까지, 아니 끝없이 계속해서 들을 수 있게 하소서.

이들이 늘 부처님과 보살들을 만나 구름같이 한량없는 공양을 중생의 스승님께 올릴 수 있게 하소서.

천신은 때에 맞춰 비를 내리시고, 곡식은 풍성하게 수확하게 하시고, 왕은 법도에 따라 다스리어 온 세상이 번창하게 하소서.

약은 영험이 있으며, 진언을 염송하면 뜻대로 성취하고, 사람을 잡아먹는 나찰조차도 자비심을 지니게 하소서.

모든 중생이 육체적으로나 정신적으로 고통받지 않고, 악업을 받지도 않으며, 멸시를 당하지 않고 두려움으로 불안해하지 않게 하소서.

절에서는 독경과 염송 소리가 장엄하게 울려 퍼지고, 대중 스님들은 모두 화합하여 본래 뜻을 성취하게 하소서.

수행을 원하는 비구들은 고요한 곳을 얻어 산란한 마음을 모두 다 버리며 마음껏 뜻대로 수행하여 선정에 들게 하소서.

비구니들은 필요한 것을 풍족하게 얻어, 괜히 다투거나 해치는 등의 말썽을 부리지 않게 하소서.

비구와 비구니 모두 굳건한 출가자의 모든 청정한 계율을 어기지 않게 하소서.

계율을 어긴 이는 참회하여 늘 악업을 정화하고 그리하여 이들도 모두 천상이나 인간의 선취에 다시 태어나게 하여 거기서도 계속 계행을 지키게 하소서.

지혜로운 이들은 존경받아 탁발로 공양받아 살아가고, 마음이 청정하여 그 명성이 온 세상에 널리 알려지게 하소서.

나아가 지옥 등의 악취의 고통을 받지 않고, 힘들게 고행도 하지않으며, 신들보다 더 좋은 몸을 얻어 얼른 부처를 성취하게 하소서. 모든 중생들은 끊임없이 모든 부처님께 공양을 올리고 또 올려, 한없는 부처님이 생각하시는 그런 행복을 늘 누리게 하소서.

보살들은 중생들을 위해 가진 본래의 서원을 이루게 하여, 모든 중생들이 복덕을 누리게 하소서.

아울러 성문·연각들도 행복하고 평안하게 하소서.

저 역시 문수사리보살의 가피로 환희지를 성취할 때까지 모든 생 동안 늘 깨어 있으면서 출가 수행하게 하소서.

우리가 먹는 음식이 비록 소박하고 열악할지라도 꿋꿋하게 모든 생을 고요한 곳에 머물며 원만히 성취하게 하소서.

언제든지 직접 뵙고 싶거나 조그만 의문이 생길 때 제 수호자이신 문수보살을 장애 없이 친견할 수 있게 하소서.

하늘 끝까지 온 세상에 사는 중생의 모든 소원을 이루어주기 위해 문수보살께서 행하시는 보리행을 우리도 따라서 행할 수 있게 하소서.

허공계가 다하고 단 한 명의 중생이 남을 때까지 우리도 함께 따라 남아 머물며 이 세상의 모든 고통을 멸할 수 있게 해 주소서.

중생의 고통이 무엇이든 모두 우리 안으로 거둬들여 무르익게 하고, 대신 중생들은 보살과 승가와 더불어 행복을 누리게 하소서.

중생의 고통을 치료하는 유일한 약이며 모든 행복의 근원인 부처의 가르침이 공경 받으며 영겁토록 이 세상에 그대로 머물게 하소서.

지혜의 가피로 끝까지 보리행에 들어가는 법인 『입보리행론』을 말씀드릴 수 있었습니다. 이에 먼저 지혜로운 문수보살의 은혜에 깊이 감사드리며 합장 배례합니다. 또한 저를 늘 성장하게 많은 영감을 주신 선지식들께도 삼가 귀의합니다.

사랑의 징표(Fjallsárlón)

에필로그
인터스텔라를 벗어난 산티데바

산티데바(Shantideva: 687~763)의 본명은 산티바르마(Santi-varma)입니다. '산티바르마'에서 '산티데바'로 바뀐 것입니다. 한자로는 적천寂天이고 '평온한 하늘'이라는 뜻입니다. 민심이 천심이며 여기서 '민'은 백성으로 사부대중을 가리킵니다. 따라서 보리행을 염두에 두면 고통받는 중생을 평안하게 '구제'한다는 의미의 이름이라고 할 수 있습니다.

티베트에 전승되는 『곽삼존상』이라는 책이 있습니다. 이 책은 한문으로 번역하면 '여의보수如意寶樹'라고 합니다. 이 책에 의하면 산티데바는 중세 남인도 구자라트 주에 위치한 작은 나라 사우라 아슈트라 국에서 태어났습니다. 아버지 꾸살라바르마나 왕과 바즈라요기니〔금강해모金剛亥母〕의 화신인 어머니 사이에서 태어난 왕자였다고 합니다. 대단한 집안 출신이었습니다. 부친은 현세의 왕이고 모친은 금강해모라고 하니 참으로 대단합니다. 신화의 영역으로 들어가는 말이니 다 믿을 것은 못됩니다. 이걸 그냥 아무 생각 없이 믿으면 '자성'을 상실한 것은 아닐까 싶습니다. 왕위 계승권을 가졌으니, 정확히 말하면 석가모니부처님처럼 '태자太子'가 맞을 것입니다.

여느 위대한 성인의 연기설화와 마찬가지로 이 왕자 역시 일곱살이 될 때 이미 모든 학문에 대한 깊은 지식을 갖추고 있었다고 합니다. 어느 날 해탈하는 부처님의 어머니라고 할 수 있는 불모[해탈불모解脫佛母]가 문수보살의 머리 위에 물을 뿌려주며, "왕의 자리는 지옥의 열탕과 같다."고 말씀해 주시는 꿈을 꿨습니다. 여기서의 왕은 왕국의 왕이 아니라 대승불교의 꽃[왕]이라고 하는 '보살'의 자리를 말하는 듯합니다.

지옥에서 고통받는 중생이 하나도 없을 때까지 중생을 구제하겠다는 지장보살처럼 문수보살의 '보살행' 역시 '지옥의 열탕'처럼 무척 어렵다는 것을 말해 준 것은 아닐까 싶습니다. 결국 불모가 연민을 가지고 문수보살을 보살의 길[보살행]로의 입문을 허락했습니다.

까닭에 산티데바는 왕위에 오르기 전날 밤에 석가모니부처님과 마찬가지로 왕궁을 몰래 나왔다고 합니다.

산티데바는 인도에서 최고의 승원대학이던 날란다(Na-landa-, 無施厭)의 자야데바[또는 지나데바] 승원장에게 출가하여 정식 비구승이 되었습니다. 이후 수행정진을 통해서 문수보살의 현몽으로 지혜의 상징인 검劍을 받는 성취를 비롯해 여덟 가지 깨달음을 차례로 성취하였습니다.

밀법인 탄트라 수행을 성취한 그는 비밀스럽게 수행을 계속했습니다. 겉으로는 대학에서는 언제나 밥만 먹고 잠만 자는 것처럼 행동하는 무위행無爲行을 했습니다. 주변 사람들로부터 먹고 싸고 자는 것밖에 모르는 '세 가지의 달인'이라는 뜻의 '삼행자三行者'라는 비난을 듣기도 하였습니다. 요즘 시쳇말로 왕따가 된 듯합니다.

거꾸로 자신을 몰라보고 왕따시키는 대중을 산티데바는 얼마나 불쌍하게 여겼을까 싶습니다. 대신 미움받을 용기, 아니 도량과 안목을 가진 그는 계속 방해받지 않고 방에서 집필을 계속할 수 있었을 것입니다. 그것이 『대승집보살학론大乘集菩薩學論』과 『제요경집諸要經集』입니다.

날란다대학의 전통인 큰스님들이 경을 암송하며 외우는 법회가 있었는데, 어느 날 산티데바의 차례가 되었습니다. 그를 쫓아내려던 대중들은 구실을 잡고자 '지금까지 없었던' 법문을 청했습니다.

이에 망설임 없이 산티데바가 설한 것이 바로 『입보리행론』입니다.

지금까지 없었다는 말은 결국 새로운 설법을 해야 한다는 것인데, 말만 새롭지 그 내용의 대부분은 그전의 부처님 말씀과 다를 수가 없습니다. 하지만 새롭게 운문으로 정리한 그의 글은 놀랍도록 부처님 말씀의 정수만을 채록했고 아울러 그 운율이 아름답기까지 합니다.

법회에 참석한 대중이 산티데바를 쫓아낼 것을 잊고 법문을 경청하고 있는 가운데 어느덧 『입보리행론』 제9장 「지혜바라밀품」 34번째 법문을 이야기하는 시간이 되었습니다. "실재하는 존재와 실재하지 않는 비존재 모두가 마음 앞에 남아 있지 않게 되면, 비로소 분별이나 집착할 대상이 사라져 마음은 완전한 적멸, 즉 열반에 이르게 됩니다."라는 게송에서 놀라운 일이 벌어졌습니다. 물질과 비물질에 대한 생각하고 분별하는 사량분별이 사라진다는 것은 결국 '공空'을 체득했다는 말이 됩니다. 공성을 체득한 이에게서 사실 형상의 유무 및 그런 구분은 그다지 의미가 없어지게 됩니다. 나라고 할 만한 것도 없어졌으니 굳이 대상이라고 할 만한 것도 없다는 그런 말조차도 다 필요 없게 됩니다. 즉 분별하는 주체로서의 나도 없고 분별되어야 할 대상인 너도 없으니 모두 없어지고 사실 없었던 것임을 알게 된다는 말입니다.

이 34번째 게송을 이야기하면서 산티데바의 몸은 하늘 허공으로 솟구쳐 사라지고 오직 음성만이 하늘에서 들려왔다고 합니다. 산티데바의 법문이 누구처럼 말만 번지르르한 것이 아니라는 뜻입니다. 가슴으로 체득한 것이기에 말대로 정말 공성을 증득한 상태가 어떤 것인지를 보여 준 것입니다.

맞습니다. 산티데바의 몸이 사라진 것은 스스로 공성을 체득해서 사라진 것입니다. 하지만 비단 그뿐만이 아닙니다. 산티데바의 법문을 들은 이들 가운데도 법회만으로도 공성을 체득해 그의 모습을 보지 못하게 된 이도 있다고 합니다.

몸이 사라졌든 안 보이게 되었든 간에 이것을 보는 이가 그걸 구별하지 않게 되었든 아니든 간에 사실 산티데바와 몸을 감춘 몇몇은 완전히 사라진 것이 아닙니다. 진공묘유眞空妙有라는 말이 있습니다.

그의 음성이 남아 있었다는 것은 물질로서의 몸〔입자〕이 아니라 비물질로서의 소리〔파동〕로 여전히 함께 있음을 알려 줍니다. 성경에 나오는 태초의 말씀이 있었다는 말도 이런 뜻으로 이해하면 좀 쉬울 것입니다. 여하튼 암송하는 가운데 그런 물질-비물질의 분별을 넘은 사라짐과 비워짐의 현상이 일어납니다. 일면 없어진 것이기도 하지만 없어진 것도 아니기도 합니다. 이 경지를 산티데바가 몸소 보여 준 것은 왜일까요?

그런데 몇 년 전 유행한 영화 가운데 바로 산티데바의 '몸 사라짐'의 일화와 비슷한 내용을 담은 것이 있습니다. 이미 몇 년이 지났기에 스포일러를 해도 될 것 같은데, 바로 영화 '인터스텔라'입니다.

중력에 따라 시간이 다르다는 의미를 잘 모릅니다. 하지만 정말 작은 공간 속에 밀도를 달리한 세상을 봉인할 수 있다면 영화 속의 5차원을 넘은 몇 차원이든 자유로운 이동이 가능한 존재가 있을 수도 있다고 생각됩니다. 도교나 선교에서 말하는 원신이나 양신, 우리 불교에서 말하는 법신이 바로 그런 존재가 아닐까 싶습니다. 비록 신통력처럼 보이지만 언젠가 우리 양자물리학이 부처님의 깨달음처럼 쉽게 우리에게 전달되고 다가오는 날이 있을 것이라고 믿고 싶습니다.

여하튼 산티데바가 사라지는 광경을 보고, 먹고 싸고 놀고 잠만 잤던 도반들이 그의 제자가 되려고 아마 줄을 섰을 것입니다. 평소에 그를 왕따시키던 이들도 이제 참회하지 않을 수 없었을 것입니다. 거꾸로 환희심을 가지고 그를 찾기 시작합니다. 미리 녹음기를 개발해서 방에 숨겨 두었는지, 산티데바는 또 다시 목소리만으로 방 어딘가에 써 둔 경론이 있다고 자비롭게 알려 주기까지 했습니다. 이를 참고해 더욱 수행할 것을 당부했는데, 그것이 앞서 말한 『대승집보살학론』과 『제요경집』입니다. 아무래도 산티데바는 처음부터 이런 입적을 계획했나 봅니다. 요즘 말로 그도 이미 다 계획이 있었던 것입니다. 그에게서 '몸 사라짐'은 중관학을 선양하는 사명을 염두에 둔 철두철미하게 계획된 '오래된 미래'의 시나리오 가운데 가장 중요한 핵심 이벤트였던 것입니다.

기적을 보이신 이후 산티데바는 그길로 남인도로 향했습니다. 소성 거사인 신라의 원효처럼 전 인도를 떠돌아다니던 산티데바는 실제로는 우리가 생각했던 것보다 신통력이 좀 더 뛰어났었나 봅니다. 원효 역시 초지보살인 환희지歡喜地의 경지에 이르렀는데 산티데바도 역시 그 수준에 갔던 것 같습니다. 10장「회향품」에서 "저 역시 문수사리보살의 가피로 환희지를 성취할 때까지 모든 생동안 늘 깨어 있으면서 출가 수행하게 하소서."라고 한 것은 결국 자신의 성취를 숨긴 겸손의 말이 아닐까 싶습니다.

그는 외도外道 출신의 교사인 샹크라데바(Shankradeva)가 부처님의 가르침이 아닌 대자재천大自在天의 만다라를 크게 세우려 할 때 신통력으로 대결하기도 했습니다. 폭풍우를 일으켜 대자재천의 만다라를 파괴하고 샹크라데바 역시 불교에 귀의시켰다고 합니다.

아무것도 안 한 것처럼 빈둥거리고 방에 콕 박혀서 있었지만 실제로는 신통력이 있을 정도로 마하무드라 등 많은 밀교 수행을 했던 것 같습니다. 여하튼 신통력이라면 자다가도 밖으로 뛰어나올 법한 인도인들에게 대승불교의 포교를 위해 이후 이런 대결은 좀 더 각색되어 전승되었을 것입니다. 여하튼 산티데바의 만행〔입전수수入廛垂手〕은 지금도 인도는 물론 티베트인들, 아니 요기 등 밀교 수행자들 사이에서 회자되는 영웅담이 되었다고 합니다.

산티데바의 법회에 참여한 비구 대중들이, 부처님 말씀을 전한 아난존자처럼 '이와 같이 들었다'는 식으로 그 설법 내용을 결집해 낸 책이 바로 오늘의 『입보리행론』입니다. 산스크리트 원전이 전해져 온 아름다운 시로 된 이 책은 후기 대승불교문학의 걸작으로도 꼽힙니다.

하지만 대부분의 시가 그렇듯이 자기 나라 말로도 어렵지만 다른 나라 말로 바꾸기란 더 어렵습니다. 들은 이도 많았고 또 해석을 다르게 하는 이도 많았을 것입니다.

8세기 이후에는 대승은 물론 밀교 수행자의 필독서로도 자리 잡았습니다. 현재까지 나온 주석서만 해도 130여 권이 넘을 정도로 인기가 있었다고 합니다.

하지만 통일된 '원전'은 만들지 못한 듯합니다. 애초에 표준 매뉴얼 같은 '원전'을 바라는 것은 우리의 기대일 따름입니다. 모든 '경전'이 그렇듯이 비록 결집이라는 필터링을 통과했어도 그건 교학적인 해석일 따름입니다. 아난존자가 도를 성취한 후에 결집에 참가했듯이, 모든 경전은 눈밝은 이를 기다려 '새롭게' 정리할 수 있을 따름인가 봅니다. 언제까지나 선지식만을 기다릴 수는 없으니 저를 포함해서 우리 사부대중은 조금씩 읽어가면서 스스로 체득해가면 될 따름입니다.

10세기에 천식재天息災가 번역한 한문본에는 용수龍樹가 지은 것으로 되어 있었다고도 합니다. 산티데바는 나가르주나(Nagarjuna), 즉 용수보살의 계보를 이은 인도 중관학파의 위대한 수행자 가운데 한 분입니다. 까닭에 충분히 혼동될 수 있는 문제라고 봅니다.

하지만, 저자가 혼동되면 그 내용에 대한 신뢰가 현저히 저하되는 것도 사실입니다.

한역본에는 제2장의 내용이 축소되어 있고, 제3~4장은 빠져 있습니다. 현재에도 티베트에서 애송되는 주석서가 8종이나 된다고 합니다. 최연철 박사에 의하면, 18세기 티베트어 문법의 거장 시뚜린포체(Situ Rinpoche)가 내용 전부를 검독한 데게판(Derge Edition)의 땐규르를 판본이 가장 믿을 만한 판본이라고 합니다. 이 때문에 이 판본과 다른 여러 비교본과 북경판 등을 포함한 판본 비교를 거친 교정판(델리 교정 데게판)을 원전으로 삼고 의지하고 있습니다. 달라이라마 존자님이 참고한 책도 이

판본입니다.

이 책의 티베트본 제목은 『입보살행入菩薩行』이며 한역본은 『보리행경菩提行經』 4권입니다. 결국 보살로 들어가기 위한 행인 보살행, 즉 보리심과 보리행에 대한 경전이란 뜻이 됩니다. 보리행菩提行, 즉 대승의 깨달음을 구하는 이들에게 교훈을 주는 육바라밀에 대한 내용을 담고 있습니다. 원전은 모두 10장 971송頌이며, 보리심을 일으키고, 없어지지 않도록 지키고, 이후에 더욱 증장시키기 위한 내용들을 순서대로 담고 있습니다.

제1장은 보리심의 공덕을 찬탄하는 내용입니다.

제2장은 악업을 참회하는 내용으로 보시布施바라밀과 함께 보리심 수행을 위해 장애가 되는 업장을 제거하는 방법을 제시합니다.

제3~5장은 지계持戒바라밀과 관련하여 한자로는 「전지품」, 「불방일품」, 「호계정지품」이라고 하는 일종의 예비 수행 단계를 설하고 있습니다. 우리나라 사람들은 무슨 불교 수행에 예비 수행이 있고 또 본 수행이 있는지 잘 이해가 안 된다고 할 수도 있습니다. 하지만 기초나 근본 수행이라고 이해하면 될 것입니다. 결국 여기서는 보리심을 온전히 잘 지니고, 제멋대로 까불며 놀지 말라는 내용, 아울러 계율을 잘 지키며 바르게 알아야 되는 내용을 담고 있습니다.

제6~9장은 각각 인욕忍辱·정진精進·선정禪定·지혜智慧바라
밀을 설명하고 있습니다. 잘 참고 용서하며, 열심히 정진하고,
나아가 선정을 잘 닦아서, 지혜를 성취하라는 그런 내용입니다.

마지막으로 후대에 첨가된 것으로 추정되는 제10장은 보리
행을 하는 여러 불보살을 찬탄하며 이 모든 깨달음을 '중생구
제'. 즉 중생과 함께 나누겠다는, 한자로는 「회향품」의 내용입
니다.

티베트불교의 고유 수행이라고 할 수 있는 로종(Lojong), 즉
'너와 나, 즉 서로 마음을 바꾸는 수행법'이 있습니다. 그런데
그것은 티베트 사람들의 억지 같습니다. 티베트불교 이전부터
부처님께서는 '무아無我'나 어쩌면 '비아非我'를 말씀했을 때,
'나라고 할 만한 것은 없다'고 하셨습니다. 그 말 자체가 '나'라
고 할 것도 없는데 '너'라고 할 만한 것도 없다는 의미를 내포합
니다. 나와 너라고 할 것이 없으니, 서로가 애착을 버리고 '너'
를 '나'처럼 서로 배려할 수밖에 없습니다. 그게 바로 마음 바꾸
기의 원형입니다. 우리가 말하는 배려나 경청 등은 모두 이와
무관하지 않을 듯싶습니다.

그런데 굳이 그런 로종(Lojong)이 티베트불교의 특별한 수행
법이라고 하는 것은 티베트불교 지상주의에서 나온 것이 아닌
가 싶습니다. 부처님은 늘 겸손과 자비를 가르쳤지만 가끔 종파

주의 때문인지 자신이 속한 종파가 수승하거나 고유한 것인 양 선전하는 것은 그다지 좋게만 받아들여지지 않습니다.

여하튼 그런 로종 수행이 바로 이 책에서 비롯되었다고 합니다.

누구는 '나와 남을 바꾸어 보는 수행'이라는 내용은 '하심下心'이라는 수행법을 넘은 것이라고 합니다. 나아가 고통받는 모든 중생을 어머니로 보고 그 사랑에 대한 보은을 통해 진정한 '평등심'을 펼쳐 나가라는 뜻은 정말 대단하다고 봅니다. 이 또한 틀리지 않습니다.

다만, '하심'이 '평등심'은 아니지만 '하심'이 '평등심'보다 낮은 레벨은 아니라고 생각됩니다. 정확히 말하자면 둘은 같은 말이 아니지만 그렇다고 다른 말도 아니라고 여겨집니다. '마음'이란 성품이 원래 그런 것이기 때문입니다. '하심'이란 남에게 나를 낮추는 게 아니라 내가 남보다 나을 것이 없다는 것을 겸허히 수용, 즉 받아들인다는 뜻을 가집니다.

따라서 모두에 대한 하심은 굳이 평등심과 다른 것이라고 할 만한 것도 없습니다. 오히려 '하심'이니 '분별심', '자비심', '연민', '보리심' 이런 걸 분별하고 나아가 티베트의 수행법들과 비교하는 것은 이 책을 공부하는 사람의 자세는 아닌 것 같습니다.

2004년 달라이라마 존자님이 한국인을 위한 법회에서 함께 읽으며 눈물을 흘렸을 만큼 이 책은 중요하다는 데 전적으로 동의합니다. 존자님은 이 책에 대해 "일체중생을 위해 깨닫겠다는 마음인 보리심에 대해 설한 책 중 이보다 더 뛰어난 논서는 없다."고 말했다고 합니다. 실제로 보리행과 관련해서 이보다 좋은 책이 없는 것도 사실입니다.

이 책은 국내에 소개된 이래 『법구경』과 『숫타니파타』에 이어 가장 애독하는 불교경전을 넘어 인문교양서가 되고 있습니다. 사실 여부를 떠나서 이 아름다운 책을 많은 분들이 애독하기를 희망합니다.

그러기에 우리나라에서는 십 수 년 인도 다람살라에서 달라이라마를 시봉하며 수행하고 있는 청전淸典 스님과 인도 바라나시에 있는 티베트불교고등연구소의 객원연구원을 지낸 밀교학자 최로덴(최연철) 박사 등이 그 번역본을 냈습니다. 제가 〈불교닷컴〉에 연재를 시작한 2014년 12월 24일은 공교롭게도 이웃 종교 기독교의 축제인 크리스마스 이브였습니다.

그때부터 5년여 동안 이와 관련된 번역서 등이 계속해서 나오고 있습니다. 저 역시 스스로의 거울로 삼기 위해 자주 이 책을 읽다가 이해가 잘 되지 않는 곳들이 적지 않아 직접 다시 번역을 하게 되었습니다. 굳이 운문인 『입보리행론』을 새롭게 산문으로 해설하는 이유는 '티베트불교'의 수승한 장점을 배우면서도 나아가 '티베트불교'를 스스로가 보다 쉽게 이해하기 위해서입니다. 티베트 경전을 해석한 글들을 보면 정말 어려운 번역체였습니다. 번역을 보다 보면 도무지 무슨 말인지 모르는 부분이 있었습니다.

그래서 제가 이해하며 모르면 꿈에서 산티데바나 관계자에게 묻겠다는 일념으로 집필을 시작했습니다. 다 해 놓고 보니 정말 잘한 일인지 모르겠습니다. 다만, 일반 불자들이나 일반인들이 읽기에는 좀 더 쉬워진 것 같아 조금은 안심입니다. 법을 전하는 것이 갠지스강 모래알보다 많은 공덕이 있다는데 사실 전생부터 이생, 아니 오늘까지의 악업이 많은 스스로에게는 이 책을 집필하는 것만으로도 큰 행복이었습니다. 환희심과 가슴 벅차오름 그리고 설렘으로 쓴 글이기에 무척 감사한 시간이었습니다.

다른 주제의 칼럼이나 글은 A4 한 장을 써도 십여 분이면 쓸수도 있었는데, 이 책처럼 원전과 번역본과 참고서를 펴놓고 하나하나 비교해 가는 작업은 정말 고통스럽기까지 한 곤란한 시간이었습니다. 그래서 중간에 집필을 중단한 적도 있었습니다. 하지만 언제 죽을지도 모르는 이생에서 이 책만은 꼭 먼저 완성시켜야 하겠다는 일념과 보리심을 만난 기쁨으로 여기까지 오게 된 것을 너무나도 기쁘게 생각합니다.

이 책을 내기까지 많은 도움을 주신 분들이 계십니다. 모두를 거론할 수는 없지만 그분들과 NGO나마스떼코리아를 통해 '회향'을 늘 함께해 주시거나 그동안 많은 가르침을 주신 분들께 지면으로나마 깊은 감사의 뜻을 전합니다.

언제나 시작과 끝은 여기 바로 삶의 현장이라는 의미를 담았습니다. 2천 년 전의 부처님 8대 성지를 순례하는 것도 좋지만 어쩌면 이 책을 읽고 나면 그곳보다는 오늘 여기서 본 아이슬란드의 신성한 자연 유산으로 향하는 모습이 더 의미가 있을 듯싶습니다.

이 책을 내면서 이런저런 언어의 원전을 보았지만 우리나라 말로 된 최로덴 님, 청전 스님, 김영로 님의 번역서들을 주로 참고했습니다.* 아울러 〈불교닷컴〉의 연재가 끝날 무렵에서야 비로소 "자정의 寧捨身命終不退", "ヨ_ガスク_ル・カイラス blog", "My Library - Sakura," "담정의 샨티 통신" 등의 블로그가 있다는 것을 뒤늦게 발견하여 조금 참고를 했습니다. 2014

---

* 최로덴 역, 『입보리행론』, 하얀연꽃, 2004.
  청전 스님 역, 『샨띠데바의 입보리행론-보살행에 들어가는 길』, 담앤북스, 2013.
  김영로 역, 『샨티데바의 행복수업』, 불광출판사, 2007.

년 처음 연재를 시작할 때부터 모두 다 참조해서 비교했으면 좋았을 것이라는 아쉬움이 남습니다.

끝으로 이 책의 작은 공덕으로 돌아가신 아버지와 어머니, 나아가 가르침과 도움을 주신 모든 분과 그 부모님들의 건강한 장수 또는 명복을 비는 데 돌리고자 하니 불보살님들께서 꼭 함께 도와주시기를 바랍니다.

나무시아본사석가모니불!

산티데바(Śāntideva, 寂天: 687~763)

속명은 산티바르마(Santi-varma)이며, 8세기 경 인도 날란다(Nalanda) 승원에서 나가르주나의 대승불교 가운데 중관학을 선양한 학자이며 승려이다. 남인도 사우라아슈트라 국의 왕자로 왕위에 오르기 하루 전 꿈에서 문수보살을 친견하고 출가수행의 길을 걸었다. 문수보살로부터 목검을 하나 받고 여덟 가지 완전한 깨달음을 얻었다. 밀교 금강승의 무상요가 탄트라(anuttarayoga tantra) 수행을 하여 놀라운 신통력을 얻었다. 이 책의 제9장 "모든 것은 허공과 같다"는 곳에 이르자 갑자기 하늘 높이 솟아올라 모습은 사라지고 목소리만 남아 암송을 끝까지 계속했다고 전한다. 저서로는 『대승집보살학론大乘集菩薩學論』, 『제요경집諸要經集』 등이 전한다.

하도겸

고려대학교 사학과에서 학사, 석사 그리고 문학박사학위를 취득하고, 서울대학교 인문학연구원 객원연구원과 건국대학교 사학과 겸임교수 등을 역임한 바 있다. 뉴시스와 아주경제의 칼럼니스트, 시사위크와 불교닷컴의 논설위원으로 활동했으며 현재는 한국불교신문에 "하도겸의 차 이야기"를 연재중이다. 법륜사 일요법회와 몇몇 명상교실 지도법사 출신으로 한국불교태고종 전법사로 봉사하고 있다. 2007년 소모임으로 출발해 외교부 등록 비영리사단법인이자 지정기부금단체가 된 나마스떼코리아의 대표로 NGO 사랑방인 차실에서 차를 우리며, 관觀과 꿈 명상 또는 잠 수행 등을 이야기한다. 「고려대학교 자랑스러운 문과대학인상」, 「올해의 재가불자상」, 「올해의 불교활동가상」, 「여성가족부 장관상」 등을 수상한 바 있다. 저서로는 『일본신사에 모셔진 한국의 신』, 『티베트어 기초 문법』, 『동아시아의 종교와 문화』, 『동아시아 제관계사』, 『나마스떼 네팔어 회화 첫걸음』, 『지금 봐야 할 우리 고대사 삼국유사전』 등이 있으며, 최근에 『술술 읽으며 깨쳐 가는 금강경』, 『영화, 차를 말하다』(공저)를 출간한 바 있다.

산티데바와 함께 읽는 입보리행론

초판 1쇄 인쇄 2022년 8월 8일 | **초판 1쇄 발행** 2022년 8월 15일
산티데바 **원저** | 하도겸 **편역** | **펴낸이** 김시열
펴낸곳 도서출판 운주사

　　　(02832) 서울시 성북구 동소문로 67-1 성심빌딩 3층
　　　전화 (02) 926-8361 | **팩스** 0505-115-8361
ISBN 978-89-5746-704-6　03220　　값 15,800원
http://cafe.daum.net/unjubooks 〈다음카페: 도서출판 운주사〉